# 今日、借金を背負った

借金で人生が狂った11人の物語

増田明利

彩図社

# はじめに

先日、外出したときにまず目に入ったのは、歩道に設置されている自動販売機に貼り付けられた「カードでお金貸します」というステッカー。バス乗り場に置いてあるベンチの後部に「車でお金貸します」という看板。駅ビルに入ったら、メインストリートの一角に消費者金融のＡＴＭコーナー。電車内にも事業者向けノンバンクの広告。駅舎から出ると駅前に建つ雑居ビルの２階から５階まではすべて消費者金融の無人店舗が入っていた。

用件が済み、帰宅して一服したあと払い込みのため銀行に行ったら、ＡＴＭコーナーの端っこの間仕切りされたところにカードローンの自動契約機兼専用ＡＴＭがあった。図書館に寄ってから帰宅すると郵便ポストに自動車販売会社のオートローンのチラシが入っていた。今の世の中、本当に簡単にお金を貸してくれる、借りられるようになっているんだなと思う。

昔はお金を借りる、借金するというのは後ろめたい気持ちになったものだし、金貸しの方も日陰の商売ということで目立たないように商売をしていたものだ。

ところが今はどうだろう。過剰融資、高金利、厳しい取り立てなどが問題になり、恐いイメージがあったサラ金は消費者金融とマイルドな呼称になり、チワワがつぶらな瞳で見つめてくるＣＭでソフト路線を演出するようになった。現在は若手俳優やアイドルをCMキャラクターに起用し、消費者金融は親しみやすく便利なものであるという印象を与える戦略で顧客数を伸ばしている。

その消費者金融を「雑金《ざっきん》」と下に見ていた銀行は、これは儲かるとなったらグループに引き入れたし、消費者金融が持っているノウハウを使ってカードローンを始めて利益を上げるようになった。

また、若者支援の仕組みだった奨学金はいつの間にか金融事業に変わっている。大学の学費は高騰しているのに親世代の収入は頭打ち。こんな状況だから、今や大学生の2人に1人が奨学金を利用している。この奨学金、海外では返済義務のない給付型奨学金を拡充しているのに対し、日本では原則貸付けで、しかも7割が有利子。学生は平均で343万円、最大で600万円の借金を抱えて社会に出ていくことになる。雇用環境が劣化している中で本当に返せるのかと他人事ながら心配になる。

クレジットカードのキャッシング、リボ払い、ネット通販の後払いシステムなども借金であることに違いない。借金というと街金のトイチ・トサンの高利で借りたお金、性質の悪い消費者金融で借りたものという印象があるかもしれない。しかし、実はこれらはごく少数で、借金苦に陥った人には、自分が借金をしていることをよく理解していなかったり、よく考えずに無計画で借りてしまって泥沼にハマるケースが多いのだ。

大手消費者金融や銀行のカードローンは親しみやすさ、便利さを強調して気軽な利用を促進しようとしているし、最近はスマートフォンやパソコンでもすぐにお金を借りられるようになっている。

あまりにも簡単にATMからお金が出てくるので緊張感が薄れ、軽い気持ちでお金を借りる。一度でも簡単に借りると「何だ、こんなものか」となって足りなくなったら借り増ししたり、別のところから借りるという負のスパイラルに突入。「ちょっとヤバイかも」と我に返ったときには大小合わせて100万円以上の借金を背負うはめになる。利息を付けたらいくら返すのか、何年で完済できるのかを調べて「こんなことになるとは思っていなかった」と呆然とする。借金とはそういう性質のものだ。

今回、本文に登場する11人は、さまざまな理由で借金を抱えている。学費のため、マイホーム購入のため、会社経営のためという、一見問題がなさそうなものから、ギャンブル依存症、買い物依存症、無計画な散財など、人それぞれだ。しかし、返済能力を超えた借金をしたらどういう心理状態になるのか、どんなことを考えるかは似通っている。

簡単にお金を借りられるのは便利だし、ある意味進んだ社会と言えなくもないが、借りたそのお金は利息を上乗せして返さなければならないもの。そのことを改めて肝に銘じるべきだろう。

奨学金、消費者金融、銀行カードローン、リボ払い、住宅ローン……。

ちょっとした気持ちで始めた借金がどうなるのか、その末路を見届けてほしい。

# 今日、借金を背負った
## ―借金で人生が狂った11人の物語―

目次

# 第2章　ギャンブル依存症の果てに

## 第3章　思わぬところにあった借金の罠



column

## 第4章　一度借りたら止まらない

# 【第１章】借金ですべてを失って

# 借金で会社を潰した経営者

## 葛西憲司（55歳）

NO.01

出身地／埼玉県　現住所／東京都練馬区
職業／物流会社契約社員　月収／20万円　妻の月収／17万円　家賃／5万4000円
主な借金／銀行、信用金庫、信用組合で1億7000万円　事業者ローン500万円
　買掛金、リース代、公租公課未払いを合わせると約2億円
　他に親族より180万円
借金の残高／自己破産・免責で消滅。親族からの支援金のみ
月々の返済額／妹、義兄に4万円

「もう2年近くも前のことなんですが、今でも当時のことは時系列で覚えています。老人になって認知症にでもならない限り**記憶から消えることはないでしょうね**」

　こう話す葛西さんは約2年前に経営していた会社を倒産させてしまったという過去を持つ。今は身辺整理も終わり落ち着きを取り戻しているが、際限なく借入れ金が膨らんでいき、倒産に向かって坂道を転げ落ちていく当時の出来事は詳細に、そして鮮明に覚えている。

「本当に毎日が苦痛でした。資金繰りに追われ気が休まるときがなかった。**手形や小切手が落ち**

**ない夢を見て飛び起きたりしましたからね。**まさに生き地獄だった」

葛西さんが社長として経営していたのは燃料販売会社。埼玉県の幹線道路沿いで数店舗のガソリンスタンドを展開していた。

創業者は葛西さんの父親で会社設立は１９７１年（昭和46年）。設立当時は1店舗だけで運営していたが世の中はモータリゼーションが始まった頃で、これに上手く乗っかり店舗数を拡大していったという。

「父が亡くなってわたしが跡目を継いだのは１９９９年（平成11年）でした。その時点で5店舗あったのですがスケールメリットを活かしたいと思い、廃業する同業他社があると経営権を譲り受け、最大で８店舗まで拡大させました」

店舗は川越街道沿いとその周辺道路にバランスよく配置していたので商圏が重複することはなく、どのスタンドも一定水準以上の売上げをキープしていた。ピークは２００１年からの３年間で売上げ高は約18億円を計上していた。

「しかし、出ていくものも多かったんです。自動洗車機は4～5年で交換しなければなりませんし、他のスタンドと差別化するためにお客さん用の休憩スペースを各スタンドに設置したり、カー用品の販売も始めたので仕入れ代も必要になった」

冬場は暖房用の灯油を配送するトラックも必要。車両の維持費やメンテナンス費も大きかった。

それでも赤字になることはなく、利益もそれなりに確保できていた。

「運転資金にも困ることはありませんでした。展開していたスタンドの半分は自社の土地で1ヵ所当たりの広さも70坪以上ありました。幹線道路沿いにまとまった土地を持っているのは強みだった」

金融機関は土地を持っていれば融資を渋ることはなく、借入れ金で古くなった設備の更新もできた。少なくとも2000年代の前半までは何の問題もなかった。

「様子が変わってきたのは2007年に入ってからです。世の中の不景気度合いと比例して販売量が落ち始めました。同業他社との競争も激化しましたね。ガソリンにしろ軽油にしろ、どう考えても仕入れ値より安い値段を付けるところが現われて」

ガソリン1ℓ135円のときに1、2km手前にあるスタンドが133円にしたら、対抗上同額にするか更に安くしなければ客は来てくれない。消耗戦に突入してしまった。

「世の中も不景気だったから大口の得意先だった運送会社が規模を縮小したり、廃業するところもあり売上げが下降の一途をたどりました」

暖房用の灯油も昔と比べると販売量が大きく減っていた。そのことも経営状態の悪化に拍車をかけた。

「8店舗あったスタンドは閉鎖したり売却したりで半分の4店舗まで縮小させ、**何とか生き残り**

**を模索したのですが、業績は下げ止まらなかった。**とどめは2010年の消防法改正です。地下に埋めてあるガソリンや灯油を保管するタンクの規制が強化されたんです。これが激痛でした」

設置後40〜50年経過したタンクは油漏れを防ぐため内部を繊維強化プラスチックで加工するか、地下に電極を埋め込み電流を流すことでタンクの腐食を防止する対策が義務化されたのだ。これに掛かる費用が膨大な金額だった。

「スタンドの地下にはレギュラーガソリン、ハイオクガソリン、軽油、灯油と4つのタンクがあるんです。それを規制に適合するようにすると1ヵ所で600万円近い費用が必要なんです」

工事期間は約2週間で、この期間は営業できないから日銭が入ってこない。

「営業していた4ヵ所すべての工事費が約2500万円、建物もかなり古くなっていたから塗装替えもやりまして。**合計すると2700万円も必要だった**」

金融機関から多額の借入れをして工事費に充てたが同業他社との競争は厳しくなる一方だった。販売量は回復せず、更に原油高によるガソリン、軽油価格の上昇で客の買い控えもあり収益は一段と悪化。借入れ金はみるみるうちに膨らんでいった。

「震災があった2011年に赤字転落してしまい、その後も好転せず欠損計上が続いていました。経営再建を模索したのですが収益改善の見通しは立てられなかった」

赤字になると金融機関の態度が急に厳しくなる。月末には融資担当者が来て帳簿や伝票類をチェックされるし、「ここが無駄」「これはやめろ」とガンガンやられる。

２０１５年から借入れ金の返済が重荷になり、金融機関には一部返済猶予してもらっていたのだが「もう待てない」と最後通牒を突き付けられた。そのときある銀行から言われたのは、「おたくは金融円滑法があったから生き延びてきただけ。とっくの昔に倒産していても不思議じゃないんだ」という冷徹な捨て台詞だった。

「新たな資金繰りの方策はなく、ガソリンなどの仕入れも不可能になるのは時間の問題だと思いました。これらの事情を勘案し法的に処理することを選択したわけです」

万策尽きた葛西さんが破綻処理を決意したのは２０１７年５月。親類の伝《つて》で紹介してもらった弁護士が処理を引き受けてくれた。

**「借入れ金の総額は1億7000万円ぐらいになっていました。**スタンドの土地と建物は自前のものですが、すべて銀行、信金が抵当権を設定していました」

借入れ金の他にも買掛金がいくつかあり、リース品の代金未払いもあった。従業員の社会保険料の未納分などもあり、それらをすべて合わせると負債の総額は約2億円。この他に葛西さん個人が借りた事業者ローンが約５００万円。目眩《めまい》がしそうな金額だ。

救いは危ない筋からの借入れがなかったこと。どこでどうやって調べたのか、経営状態が悪くなり始めた頃から手形金融の誘いが来ていた。金利は法定限度ギリギリだったから、そんなものに手を出していたら身の破滅だった。

「弁護士さんには破産が最も適切な処理だと言われました」

そうはいっても倒産処理だって費用が掛かる。裁判所に納める予納金は法人分が200万円、葛西さん個人の破産と免責申立に80万円。これに弁護士費用を合わせると400万円も用意しなければならなかった。

更に倒産となると社員は解雇することになる。その場合は解雇手当として1ヵ月分の給料を支払う義務がある。

「正社員はもう7人しか残っていませんでした。あとはアルバイトが8人いたのですが合計で270万円必要でした。事務手数料や諸々の実費も用意すると都合700万円が倒産処理に要する費用ということでした」

もう会社の金庫は空っぽ、個人的な資産もあらかた吐き出していたが、妻名義で所有する車2台を中古業者に売って220万円を調達。更に郵便局の簡易保険も解約し300万円を捻出。不足の180万円は葛西さんの妹と奥さんのお兄さんに頭を下げて貸してもらった。事情が事情だけに「仕方ない」ということで助けてもらえたのは不幸中の幸いだった。

「**最も辛かったのは社員たちに事実を告げるときだった。**処理を依頼した弁護士さんと顧問税理士さんが同席してくれ、事の経緯を丁寧に、ありのまま話しました」

社員もアルバイト従業員も薄々察知していたようで、混乱もなく淡々としていたらしい。

同席していた弁護士と税理士から最後の給料と解雇手当は今日中に振り込む。後日、離職票を書留郵便で送るので失業手続きをとってほしい。正社員の退職金は国の立替払制度を利用すれば支払われるので手続きするように。会社は破綻処理に入るので社長は当事者能力を失うなどの話があり、最後に雇用保険に関する解説をして20分程度で終了した。

「社員への説明が終わったら弁護士が債権者にＦＡＸを流し、本店事務所の入り口に事業を停止して破綻処理に入った。法人の破産申し立てをするということと、代理人弁護士の事務所所在地を記した貼り紙をしてその日は終わりでした」

弁護士から強く言われたのは、債権者が訪れたとしても対応せずこちらへ連絡するようにとだけ告げること、携帯電話が鳴っても出ないようにすることなどだった。

「3週間後に債権者集会と財産状況報告会があったのですが出席したのはたった6人でした。弁護士がいろいろ話している横でわたしは神妙に頭を下げていただけだったけど、混乱したり罵声が飛んだりするようなことはなかった」

むしろ終わった後に「これからどうするんですか?」と聞かれたり、「おたくも大変だな」と同情されるほどだった。

「スタンド内でカー用品やカーアクセサリーの販売もやっていまして。仕入先の担当者が来ていたのですが、損失処理をするのでそれでお終いですと言われただけ。**他の人たちも実に倒産慣れしているというか、淡々としていました。不謹慎ですが拍子抜けしましたね**」

金融機関には担保に差し出していたスタンドの土地、建物を差し押さえられたし、自宅マンションも売却して負債の弁済に充当することにした。

「これで弁済できたのは負債の6割程度でした」

もう弁済原資はないからこれ以上の弁済は不可能。3ヵ月後には会社の倒産処理（法人の破産）は終了した。法人の倒産処理と同時に葛西さん個人の破産と債務免責も決定。これで葛西さんはすべての債務から解放された。

「法的な処理が完了したあとは都内に転居しました。**やはり元々の街やその近くで暮らしていくのは辛かったですね**」

仕事を探すにしても埼玉県より東京都の方が見つけやすいと考えた。

「引っ越し先を探すのは大変でした。何しろ無職で定収はなし、蓄えもほとんどゼロ。これでは不動産屋に行っても入居審査が通らない。何とかなったのは福祉用物件（主に生活保護者用）だけでした。息子が保証人になってくれたけど、家賃保証会社に払う保証料は普通の人より5割増しぐらいの金額を要求されましたね」

郊外とはいえ4LDKでオートロックのマンションから2Kの風呂なしアパートに急降下だが、

これで住まいと住所は確保できた。社会人2年生の息子は会社の独身寮に転居したので夫婦2人で暮らすには十分だった。

「職探しは大変でしたね、身辺整理が完了したとき54歳だったでしょ。年齢不問になっているところでも不採用でした」

葛西さんは甲種危険物取扱者と1級ボイラー技士の資格を持っているが、これを活かせる仕事は得られなかった。

「自分も経営者だったから分かります。国家資格を持っていても、わざわざ年齢の高い人を採用しようとは思いませんよ。まして元社長なんて使い難いだろうし」

得られた職は派遣での倉庫内仕分け作業。奥さんは和食レストランのお運びさんのパート。これで4ヵ月食い繋いだ。

「今は、わたしは宅配会社の契約社員に採用してもらえまして、地域センターで集荷と配送を担当しています。妻もビル管理会社の契約社員になり、新宿のオフィスビルでクリーニングスタッフとして働いている」

葛西さんも奥さんも50代半ばだから贅沢なんて言っていられない。1年ごとの契約社員だが、とりあえず社会保険に加入できたのはありがたいと思っている。

「現在の収入ですか？　月収でわたしが約20万円で妻が17万円ぐらいですね。2人合わせた手取りは30万円ほど、普通に暮らしていけますよ」

金融機関などからの借金は消滅したが、破綻処理に不足で親族に融通してもらったものは返し続けている。

「妹も義兄も催促なしのあるとき払いでよいと言ってくれているのですが、こちらの誠意として毎月２万円ずつ返しています」

妹から借りたのは１００万円で義兄に助けてもらったのは80万円。毎月計４万円返しているが、返し終わるのには３年９ヵ月かかる。

「もう３分の１は返しているからあと２年半。これだけは欠かさずきちんとやらないと。普通、こういうことがあると身内でも疎遠になってしまったり、絶縁状態になってしまったりすることが多いけど、わたしの場合はそういうことはなかった。何かと気に掛けてくれるので感謝しているんですよ」

気掛かりなのは最後まで残っていた元従業員たちのこと。

「**こちらの生活がひと段落してから連絡してみたのですが電話が通じなかったり、封書は宛先人不明で返送されてきたりしました。**辛酸を舐めているのか、新しい生活を始められたのか。やっぱり気になりますよ」

自分自身もそうだが、会社が倒産しなければ不安な思いや嫌な思いをしなくて済んだ。金銭的な困窮も回避できたはず。そう思うと申し訳ないとしか言えない。

　親から引き継いだ会社は雲散霧消、個人的な資産はすべて消失。破産者だから社会的信用も失墜した。従業員たちの人生にも汚点を付けてしまったという負い目は一生消えることはないと思っている。

「だけどね、ホッとしたところもあるんですよ。従業員や取引関係の人たちに多大な迷惑を掛けたけど長年背負い続けていた重たい荷物を下ろすことができたから。**会社が潰れて良かったわけじゃないけど、もう苦しまなくていいという思いもあるんだ**」

　最後は冷静な判断ができ、法的にもきれいさっぱり清算できた。世の中には法的処理の費用が工面できずに放置逃亡する経営者も多いと聞く。それに比べたらリセットできたのは上出来だと思う。

「社長失格の自分がこんなこと言ったら怒られるかもしれませんが、どうしてあんなに頑張ってしまったのかと思うこともあります。赤字決算が3年続いたところで自主廃業するという手もあったと思うんです。借入れ金の担保をすべて処分すれば若干のプラスになる可能性が高かった。それを従業員たちの再就職支援に回せることもできただろうし、わたし個人もすべての資産をゼロにしないで済んでいたかもしれない。冷静じゃいられなかったけど、もっと早くに負けを認めていたらなと後悔する部分はあります」

今の生活も不安が大きい。この先、またマイホームを手に入れるのは不可能だからずっとアパート暮らし、高齢者になったときに部屋を貸してもらえるか分からない。老後に備えた蓄えもほとんどない。契約社員の仕事もいつまで使ってもらえるか分からない。今のところは夫婦とも成人病や慢性疾患は抱えていないが、重い病気になったときに医療費や入院費を払えるか……。考えると暗くなるばかりだ。

# さよならマイホーム

金澤将弘（50歳）

NO.02

出身地／富山県　現住所／東京都北区
職業／会社員　収入／月収38万円（手取り32万円）　家賃／9万８０００円
主な借金／住宅ローン１６００万円　クレジットカードキャッシング25万円
借金の残高／住宅ローンは住まいを売却して清算、クレジットカードキャッシング20万円
月々の返済額／クレジットカードキャッシング８０００円

「引き渡しは来月の20日なのですが、出ていくことに決まったら1日でも早い方がいいでしょ。妻と子どもたちはもう新しいアパートに移っていまして、週末ごとに少しずつ荷物を運んでいるところです」

あと2週間でマイホームから退去しなければならない。その後はここを買った新しい住人が入居してくる。

「ここに来たのは09年の年初だったから10年ほどしか住まなかったんだな」

買う前の目論見では、今頃はローンの半分は返せていると思っていたが現実は真逆だった。もう住宅ローンを返すのが限界になって手放すのだから。

情報処理・システム設計会社に勤める金澤さんが結婚したのは29歳のとき。最初の住まいは民間の賃貸アパートだった。長男が生まれたのを機にURの賃貸に移ったのが31歳。その後に長女も生まれ、40歳で念願のマイホームを手にした。

**「自分の家を持つというのは夢でしたよ」**

金澤さんは富山県の出身、持ち家比率が日本で一番高いところだ。結婚して4、5年したら持ち家が当たり前という感じで、金澤さんの長兄も嫁いだ姉のところも結婚して数年で家を手に入れていた。

「自分も早く家を持ちたいと思っていたのですが、都内や神奈川で交通の便が良いところだとなかなか手が出せませんよ」

バブルが崩壊して不動産価格は下がり続けていると言われていたが、23区だと中古のファミリータイプのマンションでも2500〜3800万円ぐらいが最大のボリュームゾーン。中古の戸建てになると最低でも4000万円は必要だった。

「駅のラックに置いてあるフリーペーパーの住宅情報誌は毎号見ていました、研究のために。いろいろ比較してみると鉄道の路線によってかなり値段が違うんですよね。賃貸でも家賃は大きく違っていて、東急線や小田急線沿線だと12万円ぐらいする2DKのマンションも埼玉県に入ったら8万円で借りられる」

1年近くもあちこちを見て歩き、最終的に決めたのが東武線草加駅近くの中古マンション。築5年で仲介業者もめったに出ない上物だと言っていた。

「値段は2200万円でした。4LDKで専有面積は65㎡。都内で利便性の高いところなら中古でも5000万円ぐらいするのが2200万円というのは魅力でしたね」

2200万円のうち頭金として払ったのは600万円、残りの1600万円が住宅ローンだった。

「今もそうだけど金利が低いでしょ。**多額のローンを組むことに躊躇はありませんでした**」

当時の金澤さんの収入は月収が約45万円、賞与が年間で120万円。年収にすると660万円。大手流通業の契約社員だった奥さんは月収16万円で賞与込みの年収だと約230万円。世帯年収が890万円もあったからローンを組んでも余裕だと思っていた。

「その時点では返済についても大きな不安はなかったですね」

ローンの返済方法はボーナス時払いなしで20年の返済。住宅ローンの金利が当時の過去最低レベルだったので1ヵ月当たりの返済額は約7万5000円。

「先輩や上司の話を聞くと45歳で680万円、50歳で管理職になれば720万円ぐらいの年収が見込めそうでした。20年のローンも繰り上げを何回かできたら2、3年前倒しして完済できそうだと思っていました」

実際、買って6年間はまったく問題なかった。

「前の団地の家賃が10万8000円だったんですね。ローン返済が7万5000円、管理費1万5000円、修繕積立金が1万2000円。駐輪場の利用料が2000円だから合計10万4000円で4000円安い。家賃並みの金額でマイホームを手にできたのだから、いい買い物をしたと満足していました」

毎月のローンと維持費は2人の月給で苦も無く払えた。賞与は旅行したり家具、家電品の買い替えに使ったが、それでも貯蓄することができた。

ローンの支払いに苦しむことはないと思っていたが、15年の下期過ぎから様相が一変する。

**「まず、妻が体調を崩してしまいまして」**

奥さんは15年の春頃から腰が痛い、足が痛い、太ももの裏側がピリピリすると言い出し、近所の整形外科を受診した。坐骨神経痛という診断で湿布と痛み止めの内服薬を服用していたが良くなるどころか症状が悪化。都内の大学病院へ紹介状を書いてもらい、検査入院して詳しく調べてもらったら脊柱管狭窄症《せきちゅうかんきょうさくしょう》という病気で、脊椎すべり症の所見もあるという診断だった。

「痛みと痺れを抑えるために神経根ブロックという治療をやってもらったのですが効果がなくて。本人もこんなに痛いのは辛いということで手術に踏み切ったわけです」

結果、痛みは通常生活の範囲ではほとんど感じないまで良くなったが、左足先の痺れは前より少し楽というところまでしか回復しなかった。仕事は2ヵ月休職したが、復帰することはできず、もう1ヵ月延長してもらったがやはり難しかった。

「妻は販売職限定の契約社員なので、体調が悪くなっても担当職種の変更はできないと言われたそうです。そんなわけで契約期間中は在籍扱いだったけど、1年間の雇用契約が切れた段階で雇い止めということになってしまいました」

これで奥さんの月収16万円、年収230万円が消失したことになる。そして更なる予想外の事態が金澤さんの家計を圧迫した。

「**翌年からは、わたしの収入がドッと下がりました。**リーマンショックがあってからずっと人を採っていなかったのですが、景気回復と技術者不足で大量採用するようになりました。大学、高専、専門学校の新卒だけでなく、実務経験のあるキャリア採用も実施したので一気に人が増えた。これが収入減の原因です」

早い話、残業時間が急減したことによる減収だった。

「以前は毎月70~90時間の時間外労働があったんです。平日残業が50時間以上で土日も月3回休日出勤することがあった。それが半分以下になって」

それまでは仕事が過密状態でピリピリしていた職場だったが人員増で余裕が出てきた。過労で体調を崩す人もいなくなった。良いことのように思えるものの、残業代が減ったのは大打撃だった。

「以前は月平均で80時間ほど時間外労働していました。残業代にすると18万円近くです。これが

30時間ぐらいに減ったから残業代も6万7000円ぐらいになってしまいました。終電ギリギリまで働くことはなくなったし、土日祝日はきっちり休めるから良いことなのですが懐がね」

更に去年（18年）の年初からは働き方改革の余波で一段と残業が減っている。

「水曜日はノー残業デーで18時になるとすべての部屋の照明が落とされ、残業する場合は上司になぜ残業をするのか報告し、了承を得ないと駄目なんです」

終業時刻の17時45分になると社内のスピーカーからオフコースの「さよなら」が流れ、「とっとと帰ってくれ」と追い立てられる。

チーム長の金澤さんは同じ作業班の人たちに「早く切り上げろ」と指導する立場。部下や後輩を帰して自分が残業することなどできないから終業チャイムが鳴ったら、いの一番で退勤するしかない。

「先月の残業代は9時間で2万2000円程度でした。3年前の残業代は月17～18万円だったから15～16万円の月収ダウンということです。こんなわけで年収が180万円以上も減っているんです。こんなことは想定外でした」

基本給とそれに連動する給与調整金は増えているが、残業代が大幅に減ったことで年収は2年続けて大幅に落ちている。

「**はっきり言っちゃうと、マンションを買った年の年収より下がっています。**社会保険の負担分が増え続けているから本当に苦しい」

会社自体は過去最高益を更新しているのだから、その一部を社員に還元してくれてもいいのにと思うが、高給を取っているのは幹部社員や役員だけ。釈然としない。

奥さんはまだリハビリ中で就労していない。金澤さんの収入だけで住宅ローンと維持費、生活費、子どもたちの教育費をすべて賄うのはかなりきつい。

「今の手取りは月32万円ぐらいですね。住まいに係わる経費が10万4000円、水道光熱費と固定電話代で2万3000円前後だから合計すると12万7000円。これだけ出ていくので純粋な生活費として使えるのは何とか20万円というレベルですね」

20万円で一家4人の食費、被服費、医療費、金澤さんの昼食代込みの小遣い、子ども2人の教育費、保険料などを賄うのは不可能。貯金を取り崩すようになっている。

「やっぱり教育費が大きいですね。長男が大学に進学したときに**入学金や授業料で130万円出ていき、去年、今年も年度初めに年間の授業料80万円を支払った。**娘は公立高校なので学費はかからないけど、クラブ活動（吹奏楽部）と塾代が馬鹿にならない金額なんです。夏休みに予備校の夏期講習に行きたいと相談されたのですが、テキスト代込みの受講料が5万円と言われて考えてしまいました」

今の時代、学校の勉強をしっかりやらなければ上位大学に受かることは厳しい。教育費は聖域だと思っているので「しっかりやれよ」と了承したが、費用の5万円は貯金から引き出したもの。

住宅ローンや教育費で青息吐息なのに金澤さんは奥さんに内緒の借金を作ってしまった。

「交際費といいますか、サラリーマンとしてお付き合いで欠かせないものがあるでしょ。わたしぐらいの年齢になると部下や後輩の結婚式に招かれることが多いんです。まさかご祝儀1万円というわけにはいかないでしょ。2万円は割り切れるから失礼になるので3万円は包まなくてはならない。一昨年は2回、去年は4回もお呼ばれしたからそれだけで18万円の出費だった」

それとは別に年に何度か葬儀がある。同期入社した友人のお父さんが亡くなった、郷里の従兄の連れ合いさんが亡くなったなどと聞くと香典や供花代が必要になる。

**「こういう臨時の出費のために、ついクレジットカードでキャッシングしてしまいまして。**借りた金額は25万円なので利息が付いたら返せない額というわけではないけど、毎月の小遣いから数千円ずつしか返済できないので完済するには3年ぐらいかかってしまいます」

もう家を持ち続けるのは無理だと思ったのは昨年末。マンションの管理組合から来年10月に大規模修繕を実施するという通知があった。外壁タイルの張り替え、玄関ホールの床タイル交換、敷地内通路のアスファルト工事などをやるので修繕積立金だけでは足りなくなる。ついては入居者1戸当たり12万円負担してもらうことになったと書面で連絡があったから頭を抱えてしまった。

「毎月の維持費だって大層な金額なのに、更に12万円払えと言われてもねえ」

このとき、マンションを買ったのは失敗だったと痛感した。

「管理費と修繕積立金の合計が2万7000円だから20年払う（住む）と650万円。25年だったら810万円。年月が長くなったら建て替えという事態になる可能性もあるし」

戸建なら管理費は不要、駐輪代も取られない。小さな不具合ならホームセンターで部品や用具を買って自分で修繕することもできる。こういうことを考えなかったのは大きな失敗だった。

「妻に売却することを提案したら最初は難色を示しましてね。手放したらもう一度買うのは不可能、体調が戻ったらパート仕事を探すと言うんです。しかし、また身体をおかしくしたら元も子もないからね。無理をさせたくない」

家計の補填《ほてん》として取り崩している貯金は月2万5000円から3万円。年間で30万円以上も減っていく。長男は間もなく卒業するが、入れ替わりに長女が進学するので4年間で300万円以上の学費が必要だ。

奨学金を受ける手もあるが、今の奨学金制度は学生ローンと同じ。給付型ならいいが貸与型だと卒業して半年後から返済を始めなければならない。アルバイトはしてもらわなければならないが、学費だけは何とか払ってやりたい。

「このままでいったら8年ぐらいで預貯金は底を突く。そうなる前に家計を見直したい。退職金でローンを返したら老後の生活資金が枯渇するでしょ。**やはり、今一番の重荷である住宅ロー**

**ンを清算するしかないと思いました」**

渋っていた奥さんもテレビのドキュメント番組で、ローンを滞納し、銀行から一括返済と遅延損害金を請求されて途方に暮れている人や家を金融機関に差し押さえられて競売にかけられた人、売却してもローンを清算できず借金だけが残った人などを見て怖くなったようで、今のうちに売却してローンを清算することに同意してくれた。

「子どもたちにも現実を話したら仕方ないねと納得してくれた。申し訳なかったけど、売って借金から逃れるようにしたわけなんです」

売却依頼は数件の不動産屋に依頼し、約3ヵ月後に買い手が付いた。

「2200万円で買ったものだけど、売るとなったら1880万円でした。買ったときで築5年、10年住んでいたから築15年ということになっているので仕方ありません」

不動産業者は、近くに新築物件が建ったらもっと下げなければ売れない、今が売り時だと言っていたが、金澤さんにはその言葉が寒々しく響いた。売却代金から仲介手数料などの諸経費を引くと残ったのは1700万円ほど。

「ローンの残りは利息込みで約820万円。差し引き880万円が残ったお金です。転居するアパートの初期費用と引っ越し代、粗大ゴミの処分で40万円ほど使ったけど、残ったのは銀行の定期預金に入れて手を付けないようにしました」

マンションで暮らしていたのは10年4ヵ月。ローンと維持費で払った総額は1289万6000円。買わずにURの団地にいたら同じ期間で払う家賃の総額は1339万2000円。差額は50万円にもならない。こう考えると馬鹿らしくなってくる。

「わたしの場合、頭金を27%ぐらい入れたのに最後はこれですからね。不動産の広告では頭金10%、残りはローン可というのを目にするけど、そんなことやったら確実に破綻すると思う。**マイホームを持とうと考えている人は注意しないと危険ですね**」

借りられる額が返せる額とは必ずしも限らない。どういう収入の変動があってもこれぐらいなら返せるだろうと思う金額しか借りないのが安全な策。これは肝に銘じておいた方がいい。

# 借金苦、そして失業

**樋口利和（30歳）**

NO.03

出身地／鹿児島県霧島市　現住所／東京都中野区
職業／ネットカフェアルバイト店員　収入／月収17万円　家賃／４万８０００円
主な借金／クレジットカード２社40万円、消費者金融６社１２０万円
借金の残高／自己破産と免責が認められたためゼロ

ＪＲ中野駅近くのネットカフェ。入口のカウンターでアルバイト店員として働いている樋口さんは、つい半年前までは借金で首が回らない状態だった。

借りたのはクレジットカードのキャッシングに始まり、消費者金融が６社。最後はヤミ金に手を出す寸前までいき、借金が原因で仕事も失っていた。法的な整理をして今は平穏な生活を取り戻しているが、一時は本当に失踪してしまおうかと考えていた。

「**まさか自己破産するとはね。**お金にだらしのない人間だとか、いい加減に生きているんだろうと思われるでしょうし、借りたものは返せよと怒られるかもしれない。だけどあのままだったらどうなっていたか……。手助けしてくれた皆さんには感謝しかありません」

樋口さんは12年に都内の私大を卒業し、システム・ソフトウエア開発会社に就職。プログラマー

として働き始めた。ところがこの会社の労働環境はとても褒められたものではなかった。

「労働時間の長さは異常でしたね。朝9時から終電間際までは普通のこと。毎月4、5日は徹夜ということもありました」

働いた分は正当な時間外手当を払ってくれるのならまだしも、時間外労働は固定残業代として支払われる月3万円だけ。月給の総額を本当の労働時間で割ったら時給単価は1000円という有様だった。


**「最初の借金は残業が原因でした」**


仕事の区切りがつくのは深夜1時近くになることも。通勤に使っていた地下鉄の終電はすでに行ってしまっている。タクシーチケットを出してくれるとか、宿泊施設を用意してくれるようなことはなかったので、いずれにしても自腹で何とかしなければならなかった。

「当時は板橋区に住んでいまして、会社から自宅アパートまで4500円のタクシーを使うのが月6回、5000円ぐらいの安いビジネスホテルに泊まるのが3、4回ありました。これだけで毎月4万円以上も自腹で負担していました」

帰宅してもスーパーはとっくに閉店し、コンビニの弁当や総菜パンも売り切れていることがある。そんなときは24時間営業のファミレスに行くが、値段は安くはない。

**「ストレスでドカ食いする傾向があったので1回の食事代が1500円ぐらいになること**

**があって。いつも金欠状態でした**」

当時の樋口さんの給料は手取りで20万円。アパートの家賃と共益金が6万7000円。水道光熱費が1万円、通信費が1万円、疾病傷害保険の保険料が8000円。これだけで手取りのほぼ半分が出ていった。

「倹約するようにしていたけど食費全般が4万円ぐらい。扁桃腺が腫れて熱が出たり、歯の詰め物が取れたりしたら医療費だって必要ですしね」

毎月ではないがスーツやワイシャツ、家着などを買うこともあるし、冠婚葬祭や法事などでお金が出ていくこともある。

「繁忙期は深夜残業したときのタクシー代、宿泊代、飲食代が月に6万円を超えてしまうこともあり、不足分はクレジットカードのキャッシング枠から摘まんでいたんです」

借りるのは1回3～4万円、半年で20万円弱。ボーナスが出たときにまとめて返済するということを繰り返していた。

「金利が付くと22万円以上の返済だからボーナスのほとんどが消えました。もうこの時点で自転車操業に近かった」

借金というのは継続的にしているといつの間にか借入れ元金が膨らんでいく。樋口さんの場合も最初は半年で20万円程度の借金だったが、2年経った頃には別のクレジットカードで借りたものを合わせて40万円を超える額に達していた。

「給料はほとんど上がりませんでした。毎年少しは昇給したけど社会保険の本人負担額も上がっていくので手取り額は1500円ぐらいしか増えませんでしたね」

おまけに会社の業績が振るわなかった時期があり、頼みの綱のボーナスが2割もカットされた。

「これでクレジットカードで借りた借金の返済が目論見通りにならなくなりました」

更に父方の伯父が亡くなって葬儀のために鹿児島に帰省。仲の良かった母方の従姉が結婚したのでお祝い金。アパートの契約更新に伴う更新料と2年分の火災保険料の支払いなどが重なり、これらの費用を賄うため、とうとう消費者金融の世話になることになった。

**「正直言って物凄い抵抗感がありました。**嫌だな、ちょっと怖いなって思いました」

ところが無人ブースの中に入って住所、氏名、電話番号などを記入し、マイナンバーカードのコピーを送ったら、ものの15分でブースの自動出し入れ口から専用カードが出てきた。こんなに簡単だとは思わなかった。

「これで20万円借りました。まず遅れた信販会社に遅延金を加算して返済し、あとは諸々の支払いや祝儀、不祝儀でほとんど使い切ってしまいました」

これは借金だから利息が付く。金利18％で1年（11回払い）で返すとなると、毎月の返済額は2万円と少し。収入が頭打ちになっているのだから返すのは至難の業だ。

「クレジットカードで借りたものは少しずつ返していましたが、30万円近く残っていました。これに20万円上乗せだから50万円の借金です。高給取りの人ならともかく、薄給の自分にはとてつもなく大きい金額だった」

買い物は生活必需品のみ。土日祝日はじっとアパートにいるだけ。食費も2万5000円以下に抑えた。これで4ヵ月間はどうにかなったが、今度はメンタルの病気を発症して返済どころではなくなった。

「不眠、立ち眩《くら》み、耳鳴り。食欲不振と大食いを交互に繰り返すことがあったり、出勤しようとしても玄関で身体が強張って動けなくなったりしました」

こんな状態が半月続いたので地域で一番大きな病院へ。各検査の結果下された診断は軽度のうつ病だった。

「過労と精神的な負荷、不安が主たる原因だろうということでした」

毎月の時間外労働が90時間以上。抱えた借金が50万円。これでは精神状態が平穏でいられるわけがない。

「**会社には診断書を提出し休職ということにしてもらったのですが、上司の迷惑そうな顔は忘れられません**」

とりあえず休職扱いにはしてくれたが、問題は収入面。健康保険組合に申請し傷病手当が支給されたが、金額は休職前の賃金の3分の2。16万円ほどしかなかった。

「家賃などの固定費を払ったら5万円ぐらいしか残らなかった」

払えるだけ借金の返済をすると、手元に残るのは数千円。蓄えはほとんどなかったからたちまち窮することになった。

「1ヵ月間だけは貯めたスーパーのポイントと500円玉貯金で何とかなった。だけど翌月は**自由に使えるお金がほとんどゼロでした。食べるものにも不自由するほどです**」

どうしたかというと消費者金融での借り増し。10万円追加融資してもらい、それを生活費に充てていた。

「体調は相変わらずだったので翌月は別の消費者金融で20万円借り、その翌月にはまた別の消費者金融に行って25万円借りる。こんな感じに陥ってしまいました」

借りた金は前に借りたところへの返済と生活費、医療費に充てた。遊びや賭け事に浪費したことはなかった。

「借りて返すを繰り返していたら5ヵ月間で6社、150万円の借金を作ってしまいましたね。クレジットカードで借りたものもまだ残っていたので総額は160万円を超えていました。ネットのローン返済シミュレーションで借金額160万円、金利15%とした場合、毎月4万5000円を4年かけて何とか完済できるが、払う利息だけで50万円以上という結果で。もう頭が爆発しそうだった」

半年目には、もうどこからも借りられなくなりついにパンク。貸金業者から催促が来るようになる。

「最初は向こうもソフトなんです。昨日が返済日なんですが忘れてしまいましたか？　ご入金が確認できません、本日中にお願いします。こんな感じなんですが、5日過ぎると2時間置きぐらいに督促の電話が掛かってくるようになるんです」

返済しろと言われても返すあてがない。すると今度は電報で催促が来る。

「2週間遅れたら直接来てどうなってるんだ。返せるのか。返す気があるのかと問い詰められる。**精神的にどんどん追い詰められていきます。1人でいると涙が滲んでくる**」

業者によっては提案という言い回しで身内、親族に一時的に立て替えてもらってはどうかと言ってくる。このままでは延滞利息が積み上がってしまう、それはあなたも困るでしょう。親や兄弟姉妹に立て替えてもらい、そっちに返済すれば利息や延滞利息は発生しないのだからあなたにとっても得な話ですよ、といった感じで詰め寄ってくる。

「うつで働きたくても身体が言うことを聞かないと言っても、それは我々に関係ないこと、借りたものを返すのは人間として当然の義務と責任だろって説教されました」

このままでは実家の両親や兄に迷惑が及ぶ。何としてもお金を工面しなくてはと追い詰められた樋口さんが訪ねたのがヤミ金業者だった。

大手の消費者金融から借りられなくなり、スポーツ新聞に広告を出しているところから借りるようになったら、どこでどう調べたのか○○ファイナンス、△△パートナー、□□信販と名乗る複数の金融屋からお金貸しますというＤＭが届くようになっていた。

「自分でもこれは危ないと思っていたけど、**とにかくどこでもいいから貸してくれるところを見つけなきゃと思ったんです**」

樋口さんが訪れたのは上野駅近くの雑居ビルに入っていた業者。

「1階から6階まで全部金融業者が入っている怪しげな建物だった」

一応「○○ビジネス」ともっともらしい看板を掲げ、入口にはお気軽にどうぞと書いてあったがとても気軽に入れる雰囲気ではなかった。ここまで来てしまったかと思いながら樋口さんはドアを開けた。

「中の雰囲気も一種独特でした。10畳間ぐらいの広さなんですが、中にいた人たちは見た目からして普通じゃなかった。Ｖシネマに出てくるヤクザみたいな風体です。つい立の後ろで電話している人は、ここは人生相談所じゃねえんだよ！　金に色は付いていねえんだ、どんな手段でもいいから工面して持ってこい！　なんて怒鳴り声を上げていた」

融資してもらえないかと言うと、上から下まで値踏みするように見られ、「今どれだけ借りてるんだ？　もう他じゃ借りられないんだろ」と詰問《きつもん》するような口調でキツい言葉を浴びせられた。これ書いてと渡された申込用紙も普通の消費者金融の審査とは違っていた。親兄弟、その他の親戚血縁関係者の住所、氏名まで書けとなっていた。

**「念書も書けと言われました。自分が返済できなくなったら記入した親兄弟、親戚の誰かに肩代わりしてもらうという内容だった」**

利息も異常に高い。「うちは3つだから」という説明だったが、それは10日で3割という意味。つまりトサン。まともな感覚ならこんな危ないところで金を借りようとは思わないが、この時の樋口さんは思考が停止している状態で、貸してもらえるなら利息はどうでもいいと思っていた。

「今は何をしているのか聞かれたので情報処理関係と答えました。だけど正直にうつ病で休職していると言うと態度が急変しました。働いていない？　働いていないのに金欲しいのか？　って怒り出して」

〇チ〇イのくせに借金しようってのか、頭イカれてるやつに金貸す馬鹿いるわけないだろう、と矢継ぎ早にまくし立てられ、しまいには「帰れ！」と一蹴。

「結果的にヤミ金は寸前でのところで回避できましたが、借りているところへは利息も払えなくなっていたから催促が激しくなりました。ほぼ毎日のように調査、訪問、相談ということで入れ替わり立ち替わり業者が押し掛けてきます」

このままでは本当に両親と兄に迷惑が及ぶと観念した樋口さんが頼ったのが法テラスだった。

「自分でも借金の残高が１００万円を超えた時点で法的な処理をするしかないと思っていました。ネットで調べたり、図書館に通ってクレジット・サラ金問題の解決法を解説している専門書で調べていたんです」

問題は費用だったが、とりあえず着手金だけなら何とか工面できそうだった。残りは分割払いを認めてくれればと思い、弁護士に相談した。

「処理は弁護士さんが引き受けてくれました。これで業者からの督促は止まりました」

借金の原因が浪費やギャンブルでなかったこと、うつ病で休職し療養中であること、返済する資産がないことなどが斟酌《しんしゃく》され、自己破産と同時廃止で免責の許諾が認められた。それと同時に会社も辞めることになった。

「休職して半年が経った頃、もう待てない、進退は自分で考えろと暗に自ら退職するよう言われました。**さんざんこき使っておいて最後はこれかよと馬鹿らしくなりましたね。それで退職です**」

退職金が18万円ほど出たので、それで法テラスの費用は賄うことができた。こうして樋口さんは仕事を失ったが、過重労働と借金の不安が消えたことで、体調と精神状態は落ち着いた。とりあえず生活のために郵便配達のアルバイトをすることにした。

「２ヵ月間働いて貯めたお金で現在の安いアパートに引っ越しました。今はネットカフェのアルバイトをしながらハローワークに通ったり転職フェアなどに参加して新しい仕事を探しているところです」

情報処理関係はもうこりごり。大手にしろ中堅どころにしろ長時間勤務が当たり前で下請けになるともっとひどい。元の職種に戻るつもりはない。借金で仕事を失った樋口さんだが、そもそものきっかけが劣悪な労働環境だったということは身に染みてわかっている。次は借金をしなくても働くことができる会社に勤めたい。

◎知らなかったでは済まされない

# 借金の基礎知識

### ◆借りた額と返す額

借金をすると利息が付く。頭では分かっていても金利がいくらになるのか、利息込みの返済総額はいくらになるのかを理解している人は少ない。多くは「この程度の利息なら大丈夫」「今の収入なら返せないわけない」と甘く考えているが、これが命取りになることがある。

借金の返済に苦しむ人は利息さえ払えない。だから一時凌《しの》ぎで別のところから借りて充当する。こうして自転車操業に陥り借金が積み重なってどうにもならなくなる。

借りた額と返す額がどれほど違うかを念頭に置いておいたほうがいい。

| 借入れ額 | 金利 | 月返済額（円） | 返済総額（円） | 利息分（円） |
|---|---|---|---|---|
| 1800万円 | 0.525% | 46,924 | 19,708,080 | 1,708,080 |
| 1900万円 | 0.625% | 50,377 | 21,158,340 | 2,158,340 |
| 2000万円 | 0.625% | 53,029 | 22,272,180 | 2,272,180 |
| 3000万円 | 0.625% | 79,544 | 33,408,480 | 3,340,840 |
| 3500万円 | 0.625% | 92,801 | 38,976,420 | 3,976,420 |

住宅ローン
（変動金利、元利均等返済35年払い。金利は当初金利）

| 借入れ額 | 金利 | 期間 | 月返済額（円） | 返済総額（円） | 利息分（円） |
|---|---|---|---|---|---|
| 300万円 | 1.80% | 7年 | 38,038 | 3,195,192 | 195,192（組合員優遇金利） |
| | 2.30% | 7年 | 38,700 | 3,250,800 | 250,800（非組合員金利） |

**自動車ローン**（某信用組合の場合）

| 残高 | 金利 | 月支払額（円） | 回数 | 支払総額（円） | 利息分（円） |
|---|---|---|---|---|---|
| 50万円 | 13.0% | 10,000 | 73回 | 723,999 | 223,999 |
| | | 15,000 | 42回 | 623,686 | 123,686 |
| | | 20,000 | 30回 | 586,272 | 86,272 |
| 80万円 | 13.0% | 15,000 | 81回 | 1,200,241 | 400,241 |
| | | 20,000 | 53回 | 1,054,240 | 254,240 |
| | | 25,000 | 40回 | 987,634 | 187,634 |

**リボ払い**

| 借入れ額 | 金利 | 回数 | 毎月の返済額（円） | 最終月の返済額（円） | 返済総額（円） | 利息額（円） |
|---|---|---|---|---|---|---|
| 10万円 | 18.0% | 11回 | 10,000 | 9,158 | 109,158 | 9,158 |
| 30万円 | 18.0% | 24回 | 15,000 | 14,332 | 359,332 | 59,332 |
| 50万円 | 18.0% | 34回 | 19,000 | 13,747 | 640,747 | 140,747 |
| 100万円 | 15.0% | 48回 | 28,000 | 16,926 | 1,332,926 | 332,926 |
| 300万円 | 15.0% | 60回 | 72,000 | 16,139 | 4,264,139 | 1,264,139 |
| 500万円 | 15.0% | 60回 | 112,000 | 81,792 | 7,361,792 | 2,361,792 |

**消費者金融などのキャッシング**
（残高スライド元利定額返済方式）

借金をするときは大した金額ではないと思っていても、利息を付けていざ返済するとなると重石となって家計にのしかかってくる。利息の支払いだけで精一杯、元本が一向に減らない。元本を返さない限りいつまでも利息に追われる。こういう状態に陥って初めて借金の怖さに気付くことになる。多重債務に苦しむ人はこういうパターンが本当に多い。

借金は借りたお金だけを返せばいいのではなく、それに何割かを上乗せして返済しなければならないのだ。そして、あなたにお金を貸してくれるのはせっせと利息を払ってくれて儲けさせてくれるからということを忘れてはならない。

次の項目ではケース2の金澤さんのように住宅ローンが返せなくなったらどのような事態になるのか見てみよう。

| 借入れ額 | 金利 | 返済回数 | 返済総額（円） | 利息分（円） |
|---|---|---|---|---|
| 50万円 | 14.5% | 12回 | 540,128 | 40,128 |
| | | 24回 | 578,982 | 78,982 |
| 100万円 | 12.0% | 24回 | 1,129,752 | 129,752 |
| | | 36回 | 1,195,696 | 195,696 |
| 200万円 | 10.0% | 36回 | 2,323,219 | 323,219 |
| | | 48回 | 2,434,782 | 434,782 |
| 300万円 | 8.0% | 48回 | 3,515,444 | 515,444 |
| | | 60回 | 3,649,717 | 649,717 |

**銀行カードローン**

（三井住友銀行カードローンの場合、元利均等返済方式）

### ◆もしも住宅ローンが返せなくなったら

週に2、3回新聞に各地方裁判所（支部も含む）の競売物件広告が載っていることがある。これは住宅ローンが払えなくなった人が金融機関から所有不動産を差し押さえられ、競売に出されたものの情報。中には4LDK88㎡・築20年のマンションの売却基価額がたった600万円というものもある。

住宅ローンを組む時は返済できないなんて思ってもいないし、買ったときより高くなったら買い替えようなんて思っている人も多いだろう。しかし、世の中、そんなに甘くない。住宅ローンが返せなくなってしまう人も多いのだ。

期待していたほど年収が増えなかった。リストラや会社倒産で収入が途絶えた。病気やケガで一時的だが働けなくなった。転職したら収入が下がった。残業が減って収入が下がってしまった。予想外の出費があって住宅ローンの返済に回せるお金が工面できなくなってしまった。投資用の不動産を買ったが思ったように入居者が現れない、管理費や修繕積立金の支払いが難しい……。

こうなった場合、短期間は預貯金を取り崩して返済を続けるが、それも乏しくなったら消費者金融やクレジットカードで都合する。それでも徐々に月々の支払いに支障をきたし、延滞利息を払いながら何とか返済するが、ついにパンクし破綻に至る。住宅ローンが返せなくなったらどうなるのだろうか。

**・競売の手続きの流れ**

①催告書、督促状が届く
滞納が発生すると金融機関から電話が来たり、「住宅ローンのお支払のお願い」という通知が送られてくる。滞納が2ヵ月間になると来店依頼という呼び出し状や督促状が届く

②個人信用情報へ事故情報が掲載される
通常は3ヵ月間程度で個人信用情報機関に金融事故の情報が記録される。これでブラックリスト入り

③ローンの一括返済を請求される
滞納が更に続くと「期限の利益の喪失」という通知が届く。住宅ローンを分割返済する権利を失い、一括返済を要求される。この時点で一括返済できる人はほぼ皆無だ

④保証会社が代わりにローンを返済する
保証会社から「代位弁済通知書」が届く

⑤保証会社から競売を申し立てられる
裁判所から「担保不動産競売開始決定通知」が届く。これは保証会社が借金を現金で回収するために裁判所に競売を申し立て、裁判所がそれを受理したことを示すもの

⑥裁判所に現地調査をされる
物件の評価を算定するために不動産鑑定士や裁判所の執行官が物件調査を行う。法律に基づく強制的なもので拒否はできない。裁判所の権限で鍵を開けられ自宅内で写真撮影などの調査が行われる。室内などを確認する関係で立ち合いが必要

⑦競売入札開始の連絡が届く
裁判所から「競売の期間入札通知書」が届く。これには物件の入札開始から終了までの期間と開札日が記されている。これが任意売却に切り替える最後のタイミング。これを逃すと競売以外の手段がなくなる

⑧競売完了
期日に開札を行い、最も高い金額で入札した最高価買受申出人を決定。裁判所から売却決定の通知が出される

⑨立ち退き
物件が落札されると知らないうちに所有権が落札者に移り、それまでの所有者は何の権利も持たない、ただの占有者となってしまう。落札した人（業者）から退去・明け渡しを要請されることになるが、立ち退き条件でゴネても多くは望めない。引っ越し代として10万円ぐらい出してもらえればいい方。退去要請に応じない場合は強制執行を申し立てられ、執行官が来て強制的に追い出されてしまう

ローンの返済が滞った場合、何もしなければ1年弱で競売を申し立てられ、落札されたら1、2ヵ月間で明け渡さないといけなくなる。こうならないためには、まずは返済が滞る前に金融機関にリスケジュールの相談をしてみること。具体的に相談できるのは、「一定期間、月の返済額を軽減する」「ボーナス払いの中止、もしくは減額」「返済期間の延長」「一定期間、返済を猶予する」の4点だ。

これでも返済が難しいと思ったら、さっさと売りに出したほうがいい。原則として住宅ローンが残っている不動産は完済しなければ売却できないが、残債より高い金額で売れそうなら住宅ローンを完済して一般売却できる。これができればマイホームは失うが借金の呪縛からは解放される。いよいよ追い詰められた場合でも競売処分されるのはなんとか避けたい。競売では市場価格を下回る安値で売られることが多いからだ。

競売を回避する方法としては任意売却がある。売却後に住宅ローンが残るが、債権者の合意を得て不動産を売却できるようにする手続きで、通常は専門の業者が仲介して行う。任意売却は競売よりも高い価格で売れるのでローンの残債も少なくて済むメリットがある。ただし、任意売却は競売に比べ早期に自宅を明け渡さなければならないデメリットもある。それでも高く売れれば自己破産せず生活を立て直すことが可能になる。

住宅ローンを滞納している人の中には、返済のことなど考えたくないと督促状が届いてもほったらかしにしている人もいる。「期限の利益の喪失」という通知が届くと一時的に督促が止まるが、2ヵ月もしないで競売開始決定の通知や裁判所からの調査が来て愕然とすることになる。

返済が苦しい。この先、返済を続けるのは無理かもしれない。こういうことが頭をよぎったら借りた金融機関に相談するしかない。「借りたお金を返せそうにありません。どうしたらいいでしょう？」と相談するのは恥ずかしいなんて言っていたら最悪の事態に一直線なのだから。

**◆きれいになってやり直す。自己破産という手**

破産は借金を踏み倒すとことという感覚を持っている人が多いが、破産は破産法という法律で定められた手続きで、返済する資力がない人が生活再建できるようにするためのもの。ただし、自己破産するのならば中途半端な借金では駄目。「どうにもならない」「どう考えても返済は不能」というレベルでないと簡単には認めてもらえない。手続きは個人でもできるのだが、ほとんどの人は弁護士に依頼して申し立てている。

破産のメリットは一部を除いて（税金、罰金、養育費など）負債が消滅すること。これで将来への不安をなくし、生活再建が可能になる。もうひとつは取り立てや督促が止まり、手続きが終了するまで弁護士が本人に代わって交渉してくれること。しつこい督促や脅しのような取り立てから解放され心理的、精神的にも安寧でいられる。

一方、破産にはデメリットも多くある。個人の財産はあらかた手放さなければならないし、個人信用情報機関（全国銀行個人信用情報センター、クレジット会社系機関、消費者金融系機関）に事故情報が登録されるのでローンが組めない、クレジットカードが使えないといったことになる。免責確定まで本籍地の債務者名簿に載るし、官報にも破産した人の事件番号と住所、氏名、その他の事項が掲載されてしまう。自分が破産したことを他人に知られてしまうわけだ。

また、裁判所に破産を申し立て開始決定がなされると、法律上は破産者となってしまうので一定の仕事に就けない、居住が制限される、長期の旅行には行けないなどの制約を受けることになる。

破産手続き中に就けない仕事には、弁理士、社会保険労務士、通関士、公認会計士、税理士、行政書士、生命保険外交員、土地家屋調査士、宅地建物取引主任者、旅行業務取扱主任者、警備員、質屋、古物商、風俗経営などがある。制限がないのは一般的な会社員、医師、歯科医師、薬剤師、国家地方公務員。

免責確定となり破産手続きが終われば復権でき、復職することは可能だが、免責許可の決定が下りるまでの期間の仕事と収入をどうするのか考えなければならない。

弁護士費用はどれくらいかというと、不動産や多額の預貯金、高額な有価証券などの資産がない場合で30～40万円が相場。費用は一括で支払ってくださいという弁護士が多いが、中には窮状を察して分割払いを認めてくれる弁護士もいないわけではない。その場合、初めに着手金として半金を払い、その後に5～10万円ずつ払っていくか、免責決定が下りた段階で残りの半金を払うというパターンが多い。

申し立てから決定するまでの期間は3～4ヵ月間で、めぼしい資産がない個人破産の場合、破産手続開始と同時に破産手続きを終了する同時廃止となり、免責も確定する。これで借金の呪縛から解放され、生活を立て直すことが可能になる。

お金がないから破産するんだ、弁護士費用なんて工面できないという場合は各地にある法テラスを利用すればよい。利用するには資産要件があるが、法テラスの場合、自己破産だと実費2万3000円と着手金12万9600円の合計15万2600円で、別途報酬金は不要。費用は利用者が毎月分割で返済していくことになるが、月々の返済額は5000～1万円であることが多い。

自己破産を申し立てるには、過去2ヵ月分の収入・支出を記した家計状況、財産目録、陳述書、債権者一覧表とともに戸籍謄本、住民票、貯金通帳のコピー、給与明細書、生命保険証書などの書類をそろえて裁判所に提出する。

裁判所は支払い不能かどうかを調査し、破産宣告を決定する。支払い不能の判断は、収入から生活費を差し引いた金額で3年間で完済できるかどうかが目安だという。こうした審査の後、破産宣告が確定、免責の申し立て→免責確定で借金が帳消しになる。

破産するとそのことが戸籍や住民票に記載されるとか、選挙権・被選挙権を喪失する、結婚できない、会社を辞めなければならない、銀行などで口座を持てなくなる、子どもや親戚に迷惑が及ぶなどと思っている人がいるそうだがこれは誤解だ。このようなことは一切ない。

破産した場合、当面の生活費として20万円以下の現金は手元に残るよう配慮されるし、衣類や家具などの最低限の家財道具は残る。マイホームはどうかというと、ローン完済の場合は売却されるが、売却成立まで（通常半年～1年）は住み続けることが可能。多額のローンがある場合は剰余価値なしで売却せずに済むこともある。ローンやクレジットカードはブラックリストに載るため5～7年は無理。

ここまで自己破産について書いてきたが、借金で切羽詰まったときに逃げるのは最悪だ。住民票がないから健康保険証が持てない。運転免許の更新も不可能だから生活に大きな支障をきたす。公的に自分が自分であるという証明ができないから仕事や住まいを探すのだって困難になる。子どもがいると学校に通わせてやれない。こんなことになるなら破産した方がよっぽどましだ。自己破産したところで、何不自由なくとはいかないまでも、それなりに暮らしていけるのだから。ちなみに東京の場合、申立件数の約98％が免責されるということである。

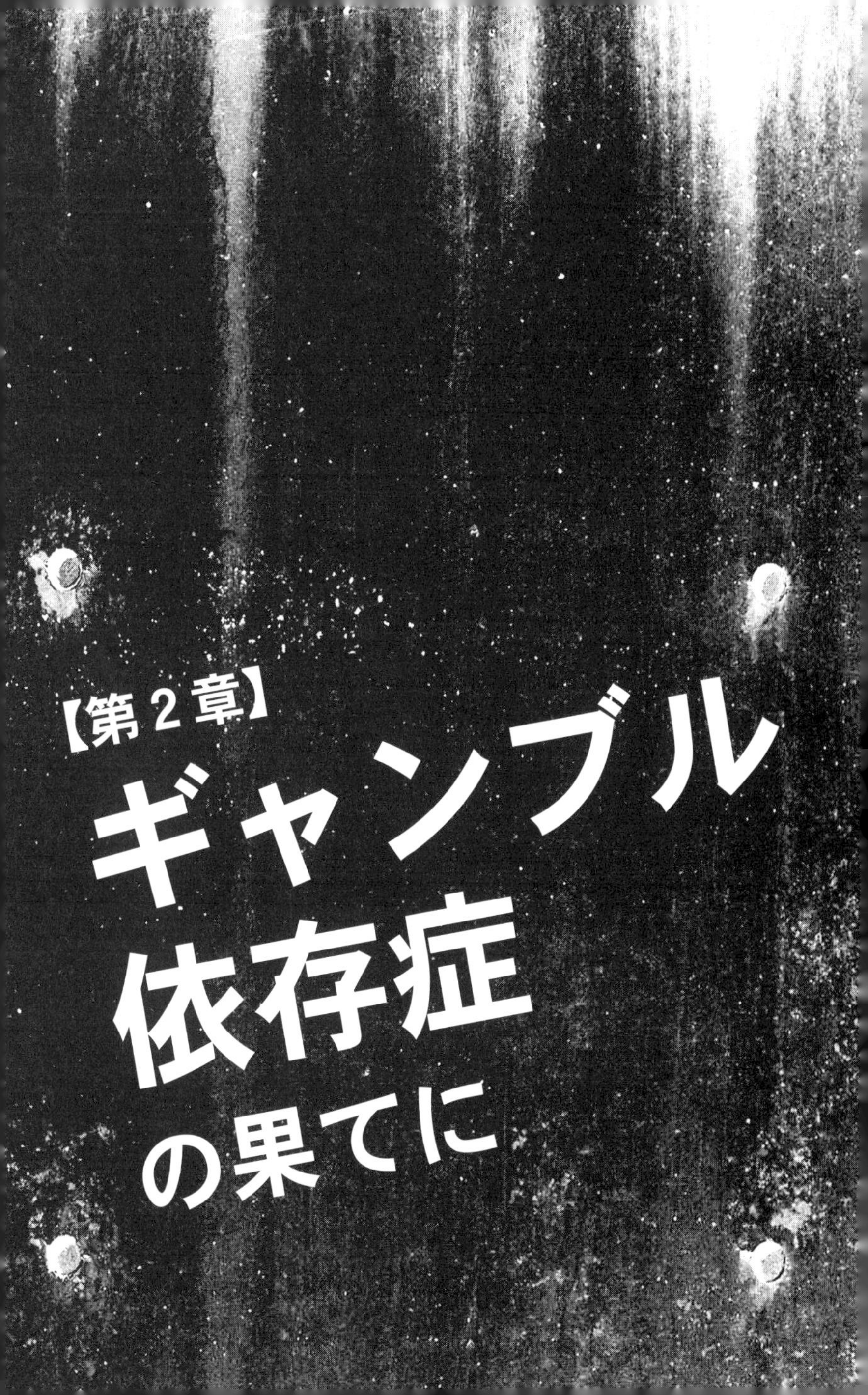

# 【第２章】ギャンブル依存症の果てに

# 競馬にさえ手を出さなかったら

NO.04
高野厚志（33歳）

出身地／山梨県　現住所／東京都足立区
職業／会社員　収入／月収32万円　家賃／4万7000円
主な借金／消費者金融4社140万円、クレジットカードキャッシング枠30万円、デパートカードキャッシング枠30万円、銀行カードローン80万円、延滞利息など合計300万円
借金の残高／某銀行のおまとめローンに一本化し300万円＋利息
月々の返済額／元利合計で12万円

「土曜、日曜にテレビやラジオ、スポーツ新聞などに触れないようにしようと思いまして。それなら短時間のアルバイトでもやってみようかと思ったわけです。働けばお金になるしそのお金で借金も返せますからね」

去年（18年）1月からの1年5ヵ月の間で完全に休んだのは食あたりで下痢と嘔吐が止まらなかった3日間だけで、大晦日も元旦も働いていたという高野さん。こうなったのは競馬にのめり込み、あちこちに借金を作ってしまったからだ。

**「多額の借金を抱えている自分が言うのは憚《はばか》られますが、社会人3年目頃までは地味に、質素にやっていたのですよ」**

ギャンブルとは無縁でパチンコ、パチスロなどもやったことがない。麻雀は打ち方もルールも知らないほどだった。そんな堅実な性格だったのに、付き合いで嫌々やった初めてのレースで25倍超の高額配当を手にしたことで競馬中毒になってしまった。2年足らずの間に作った借金はざっと280万円。改めてギャンブルは怖いと思う。

「どういうわけか自分の部署の同僚や上司に競馬好きな人が多くいて、騎手のファンだという理由でたまに馬券を買っている女子社員もいました。自分は興味も関心もなく、周りの人たちの話に適当に相槌を打ったりしてました。はっきり言うと、馬鹿じゃないかと思っていた」

先輩社員に「お前も一丁どうだ」と誘われて初めて買ったのが14年3月の高松宮記念。本命、対抗なんて分からないから適当な数字の馬連馬券を買ったのだが、これがまさかの的中で2860円という高配当だった。

「1000円買ったので配当は2万8600円。これですっかりギャンブラー扱いされました。大きなレースの前になるとスポーツ新聞片手に、お前はどれを買うんだとか要注意はどの馬だなんて聞いてくるんです。こっちはまったく分からないから住んでいるアパートが3階の7号室なので3－7とか、実家の住所が6丁目13番地だったので馬連で6－13なんて適当に話していたんです」

こんないい加減な予想なのに3回に1回くらいの割合で的中し、15～20倍の高配当がついた。儲かった先輩からお昼に鰻を奢ってもらったこともある。

**「こんな簡単に儲けられるのなら自分でやったらいいじゃんと思っちゃうわけです。**中央競馬会のＣＭなんか若い人気俳優を起用したりしていて、競馬＝ギャンブルという印象も薄くなっていたし。節度を持って推理ゲームをするという感覚で自分も馬券を買うようになってしまいました」

当初はやっても月に１、２回。馬券は１レース５００円までというようにブレーキが利いていた。ひとつのレースで買うのは１００円の馬券を３～５通り。全部外れることもあったが、たまに当たって6、7倍の配当。こんな感じで遊びの範疇《はんちゅう》だった。

たがが外れたのは15年5月のヴィクトリアマイル。この日はついていて新馬戦から始めて４Ｒ、５Ｒ、７Ｒ、９Ｒとすべて当てていた。どのレースも複数の馬券を買っていたが、当たった馬券の配当が10倍、15倍ということもあって収支は大きなプラスだった。

「3万円と少々の小銭を持って家を出たのですが、９Ｒが終わったときは10万円以上になっていました」

なぜだか気分が大きくなり、儲けた金から5万円を分散してメインレースに投入してしまった。

「専門紙に波乱があるとすればこれという組み合わせが出ていて。面白そうだと思いその馬券を

1万円買ったんです。それが来ちゃいましてね」

馬連で買った当たり馬券の配当が4510円。1万円分注ぎ込んだから手にしたお金は約45万円。もう舞い上がってしまった。

「最終の12Rに買った数通りの馬券にも当たりがあったので、**競馬場を出たときには財布の中に50万円あまりの現金が入っていた。もう家までタクシーで帰りましたよ**」

翌週、翌々週のレースもやってみたらこれも収支はプラス。これで一気に熱くなってしまった。

「まず、ひとつのレースに注ぎ込むお金が増えました。以前は予想紙に順当とか本線不動と書いてある確率の高そうな馬券を中心に買っていたのですが、中穴、大穴狙いの馬券を買うようになった」

当たったときに配当が高い3連単、3連複にもかなり注ぎ込むようになり、ひとつのレースに1万円、1万5000円も費やすこともあった。

「たまに当たることもあったけど大半は負けでしたね。1開催で収支がプラスになることは5回に1回ぐらいだった」

一時は「こりゃ駄目だ」と馬券買いを控えていたが長続きしない。

「馬券は買わなかったけど自分が予想した組み合わせが当たって、それが万馬券だったりしたら大損した気分になってしまうんです」

我慢できたのは2ヵ月間だけ。あとは破綻へ一直線だった。

**「ひとつのレースで買う点数や賭ける金額がどんどん大きくなってしまった」**

全部外れれば目が覚めるのだが、何回かのうちには当たることもある。これがあるから止められない。

「それまで10万円以上も負けていたのに最終レースで買った1点が15万円になったということもあって。これでまた風が吹いてきたなんて思っちゃうんです」

こうなると、今日は負けたけど明日は取り戻そうということになり、土日は競馬三昧という生活に陥ってしまった。地方競馬は荒れるという話を信じて大井、浦和まで遠征して万馬券狙いをしてみたこともあるが、大儲けしたことは皆無。お金をばら撒いているだけだった。

**「手取りの給料の半分が2週間で消えちゃったこともあった。コツコツ貯めた預貯金も8ヵ月間ぐらいでほとんど無くなっていました。それでも止められなかった」**

次の給料が振り込まれるのは10日も先なのに財布の中には1万円もない。朝食は100円ローソンで売っている5個100円のミニあんパン。昼は給料から天引きされる社食を食べられるが、夜はインスタントラーメンやご飯にマーガリンとお醤油を垂らしたものですませる。体重は減るし、周囲が黄色っぽく見えることもあった。こうなるともう借金するしかない。

「家賃の引き落としが危なくなって消費者金融で用立てたのが借金地獄の入口でした」

無駄遣いとは無縁だった人が消費者金融通い。さぞかし恥ずかしかっただろうと思うが本人は何も感じなくなっていた。

「生活費の補填のため、競馬の軍資金のため、前に借りた消費者金融へ返済するため。雪だるま式に増えてしまいました」

利息分だけ払っていたところもあったが、それもできなくなる。

「入金が1日遅れただけで会社に督促の電話をしてくる金融屋もあった」

こういう場合は架空の会社名を名乗り、高野さんが電話口に出ると「早く入金しろ」と迫ってくる。友だちと名乗って電話してくる業者もいた。

「アパートの方にも郵便で督促状が送られてきました。延滞利息が付くぞ。遅延損害金を加算する。この日までに入金がない場合は給料の一部を差し押さえる。こういう感じでプレッシャーを掛けてくるんです」

早朝、深夜の取り立ては法律で禁止されているが、電報を送りつけてきたり、相談と称して電話してくる業者もあったそうだ。

「こうなるともう頭がおかしくなっちゃうんです。クレジットカードで新幹線の回数券を買い、それを金券屋に持ち込んで換金する。そのお金を持って馬券売り場へ行く。大穴を当てれば返せるなんて馬鹿げたことしか思い浮かばなくなって。それが3分ほどで紙屑になる。こんな状態だった」

結局、2年半ほどの期間に消費者金融4社、クレジット会社、デパート系のカード、銀行のカードローンなどから借入れた合計は約280万円。

「最後はアパートの家賃も引き落とせなくなって。管理会社から、どうなっているんだ！　何日後までに必ず入金しろと矢のような催促が来た」

家賃の滞納が2ヵ月分になったところで連帯保証人になっている父親のところへ督促が行き、借金まみれになっていることが知られてしまった。

「何をやっているんだ、馬鹿タレと怒られた。自分でも情けなくて涙が滲んできました」

競馬なんてどうでもいい、とにかく返済をしなければと我に返ったが、借金総額は、延滞利息などが加算されたものもあってほぼ300万円。目眩がしそうな金額だ。

「金利は平均すると15%ぐらいです。銀行の大口定期が米粒くらいの金利なんだからべら棒だと思う。だけどそれを承知で借りたのは自分なのだから仕方ない」

18年1月からはひたすら借金を返す生活。

「毎月、どこにいくら返すか。ちゃんと入金したか。返し忘れはないか。こういうことで忙殺されるのは辛いので○○銀行のおまとめローンというものに借り換えて、今はそこへ毎月返済しています」

借入れ期間が長くなればそれだけ利息が派生するのだから、できるだけ早く完済したい。

「何とか3年で完済するのが目標なので**毎月の返済額は12万円です**」

このペースで返し続けても返済総額は420万円以上になるのだから頭が痛くなる。

「借金を作って失ったのは精神的な健康と社会的信用ですね。借金額が200万円を超えたときから、今日だけでこれだけの利息が付くのかと暗澹《あんたん》たる思いで過ごしていました」

返済のことを考えると食べ物も喉を通らなかったし眠れないこともあった。


「**家賃滞納2ヵ月という事故を起こしているので住んでいたアパートからも追い出されてしまいました**」


2年の契約が終了する4ヵ月前に管理会社から更新は不可、契約満了日の2週間前までに完全退去しろという通告が来た。固定費を抑えるために家賃相場が安い23区最北端の足立区に転居した。

「何が何でも借金を返さないと。今はそれしか考えていない。だから生活はキツいです」

給料の手取りは24万円前後。家賃と管理費で6万4000円、水道光熱費と通信費が2万円。借金返済は12万円なので残るのは3万6000円ほど。これで食費、医療費、被服費、保険などを賄うのは土台無理な話。だから土日にアルバイトをしているわけだ。

土日のアルバイトは生活費の補填が目的だが、競馬を断つためという意味もある。

「土日はラジオ日本とテレビ東京、フジテレビで競馬中継をやっているんです。もう競馬は懲り懲りだけど変な虫が湧かないとも限らない。土日も働いていれば触れなくて済むと思うので」

アルバイトは宅配寿司店のデリバリー。三輪スクーターであちこちに出前するのが仕事。時給は1000円。勤務時間は正午から夕方5時までなので帰宅するのは5時半頃。この時間なら最終レースも終わっているので競馬のことは考えない。

「身体の方は今のところ大丈夫みたいです。金曜日は早寝してアルバイトに行く1時間前まで寝ています。日曜日も同じ。疲れるなんて暢気《のんき》なこと言っていられないですから」

会社は特別な事情があり、業務に関係しないものであれば副業を認めているので奨学金返済のためと偽って許可をもらった。

「競馬で作った借金を返すためなんて言えないでしょ。上司は大変だなあと同情してくれていますよ」

アルバイトの収入は4週8回やって3万2000円。祝日のある月は追加で働いているから4万円ということもある。この副収入があるから多額の借金返済をしながらも人並みに暮らせているわけだ。

「**今は競馬とはまったく無縁です。絶対に首を突っ込まないようにしています**」

会社にはお遊び程度で競馬をやっている人が何人かおり、大きなレースの前にはスポーツ新聞を見ながらあだこうだと話しているが、そういう話題には入らないように気を付けている。

テレビのバラエティー番組に人気ジョッキーが出ていたり、夜のスポーツニュースで明日は天皇賞、菊花賞という話題になったらチャンネルを変えるか、テレビの電源を切るかして目に入ってこないようにしている。

「つい先日も平成時代を回顧するみたいな番組があって、その中でオグリキャップの出現で競馬はギャンブルからスポーツに昇華したみたいなことを話していたんです。それは違うだろと思った。**お金を賭けるわけだから博打《ばくち》だよ**」

重賞レースが近付くと中央競馬会がテレビＣＭを流し、競馬を楽しもうなんて言っているが「ふざけるなよ、馬鹿」と思う。

「正社員で働いているから少ないけど賞与は出ます。去年夏の賞与は滞納した家賃を肩代わりしてくれた父への弁済と、今のアパートへの引っ越し代でほとんど使ってしまいました。副業の収入を生活費の足しにすれば十分なので、去年の暮れは賞与もほぼ全額繰り上げ返済に回しました」

しかし、順調に返済したとしても総額は４３０万円以上になる計算、とんでもない無駄金だと思う。

「もし、同じ額を貯金していたらなと想像してしまいますね。将来マンションを買うことになったら頭金としては十分な金額だ。資格取得のための学費に充ててもいい。老後に備えて個人年金に加入するのもありだな……。こんな風に考えちゃいますよ」

これまでに返済したのは19回分で２２８万円。ようやく半分返したところだが、まだ17回、２０４万円の借金を抱えている。

「**競馬は勝っても負けても泥沼に落ちる可能性が高いと思います。**勝っているときはもっと勝ちたいとお金を注ぎ込みますし、負けているときは取り返したいとオッズの高い馬券を買うようになるから」

今になって分かったのは、苦しい思いや後悔、不愉快な緊張感をお金で買っていたということ。いかに愚かだったかと反省しても費やしたお金と時間は戻ってこない。

## パチンコ狂想曲

**石井和博（28歳）**

NO.05

出身地／東京都町田市　現住所／東京都大田区
職業／業務請負会社契約社員、他にアルバイトを2つ
収入／月収30万円　家賃／5万7000円
主な借金／消費者金融120万円、クレジットカードキャッシング枠30万円
　銀行カードローン50万円、他に個人的な貸し借りで10万円
借金の残高／合計で120万円
月々の返済額／約10万円

「今は働けるだけ働いている。本業は業務請負会社の作業職で請負先の倉庫作業をやっているのですが、この収入だけでは借金を返せないので別のアルバイトや日雇い派遣を組み合わせて1円でも多い収入を得られるようにしているんです」

石井さんがこんな状態に陥った原因はパチンコに入れ揚げたため。借金を返し終えるのが先か、過労で倒れるのが先かという状況に追い詰められている。

**「小中学生の頃から射幸心《しゃこうしん》を煽るような遊びは嫌いじゃなかった。**子どものときは駄菓子屋

の横にあるパチンコをやっていましたから。50円で玉20個、チューリップに入ると景品として板ガムが出てくるようなやつですよ。高校のときは野球の地区予選で自分の学校が他校と試合すると、仲間を集めて何対何でどっちが勝つのかといったトトカルチョをやったことがある。まっ、昔からギャンブル体質だったんだろうな」

高校卒業後は建材製造会社に就職、工場で働くようになったがサッカーくじ、ロト6に始まり、先輩に誘われて大井競馬場や平和島競艇場に通ったこともある。

「こういうわけだからパチンコでヤバイことになる素地はあったんだと思う」

競馬、競艇の勝率は1勝3敗という感じ。大勝ちしたことはないが大負けしたこともない。

「1万円持っていって3万円ぐらいに増えることもあるけど、次かその次でスッちゃう。そんな感じでしたね」

そのときは自制心も働いていたし、借金をしてまで馬券や舟券を買おうとは思わなかった。だけどパチンコは違っていた。

「当時は蒲田のアパートで暮らしていまして、その日は海の日で仕事は休みだった。夕方に買い物に出て戻る途中に空模様がおかしくなり、雷が鳴って雨が降ってきたんです。**傘を持っていなかったので雨宿りのつもりでパチンコ屋に入っちゃったんです。**このときに喫茶店かコーヒースタンドに入って雨が止むのを待っていたらなあ」

これが借金の泥沼への招待状だった。客のフリをして無料のドリンクサービスでコーラを1杯飲み、トイレを拝借して入ってきたときと別の出入口へ歩いているとと大当たりしてドル箱を積み上げているおばさんの姿が見えた。

「やる気はなかったんですが、まだ少し雨が降っていたので時間潰しのつもりで座っちゃったんだよね」

釘なんて読めないので周りにガラの悪そうな輩がいない台を選んでまず2000円を投入。

「貸し玉が4分の1ぐらいに減ったところで何回かリーチが出てさ。もうちょっと投資したら大当たりが出るかなと思ってもう2000円注ぎ込んだんです。そしたら読み通りだった」

元手4000円で3時間打った結果は2万8000円の大勝ちだった。

「**使った金の7倍でしょ、もう舞い上がっちゃったんですよね。俺には才能があるなんて**」

このときの勝った快感と興奮が忘れられず、その後はちょくちょくパチンコ屋に行くようになる。

「最初に勝ったホールはその後は駄目でさ、別のホールに鞍替《くらが》えしてみたの。そしたらまた勝ってね。7000円注ぎ込んだら4万3000円に大化け。これで完全にハマっちゃいましたね」

パチンコ台に座っていたのは3時間程度、これで差し引き3万6000円の儲けなら時間単価は1万2000円。こんなに割のいい仕事はないと思ってしまった。

「パチンコをやり始めた当初は土曜日か日曜日にちょっとやってみようか程度だったのですが、

3ヵ月目あたりから毎週4、5日も入り浸るようになってしまいました」

特に仕事場で上司や職長に怒られたり小言を言われた日は、その鬱憤を吐き出すために仕事が終わるとパチンコ屋に直行。閉店間際まで粘っていた。

「**とにかくパチンコ屋っていうのは客をいい気分にさせてくれるんです。今は、あれは罠だったんだと思うけど**」

台を選ぶためにウロウロしているだけなのにすれ違った店員は最敬礼で挨拶してくれる。

「ドリンクサービスの女の子は若くてきれい、メイクもばっちり。休憩室にはマッサージチェアがあって無料。トイレもホテル並みのしつらえですから」

店によってはＷｉ－Ｆｉが使い放題、携帯電話の充電もし放題。客寄せに芸能人やアイドルを呼んで華やかさを演出することもある。

「初めて生で芸能人を見たのもパチンコ屋だった。お笑い芸人の長州小力で、その後はセクシー系タレントとか元ＡＶ女優だとか。深夜に放送しているパチンコ情報番組の収録が何月何日にあります。ゲストは女優の誰それですって告知があると、その日は発熱があると嘘をついて会社を休み、芸能人見たさで朝からパチンコ屋に行っていました。**自分にとってパチンコ屋は竜宮城、ワンダーランドみたいだった**」

頻繁にパチンコ屋に通うようになると当然のようにお金が出ていくことになる。10回に1回は大勝ちすることもあったがトータルで見れば赤字。こうなると、それまでに蓄えていた預貯金に手を付けるようになる。

「安月給の会社だったけどずっと働いていたから80万円ぐらいの貯金はあったのですが、毎月5～6万円をパチンコ代の足しにしていたので1年ぐらいで底を突いた」

お金が絡むから非日常のスリルがある。リーチの演出と大当たりしたときの快感が忘れられず止められない。負けても次があると考えてしまったのだ。

「たまに大当たりが連続することがあって、ドル箱を積み上げたときに物凄い高揚感があるんです。負けた他の客の羨望《せんぼう》の眼差しも感じて更に気分が良くなる」

その出玉をカウンターで計算するときはもっと気分がいい。

「スポーツとかゲームでは味わえない独特のものでしたね」

運がいいのか悪いのか、たまにこういうことがあるから止めようという気持ちにはならない。

そしてどんどんお金が減っていく。

「**特に大勝ちした次の日はパチンコが打ちたくてウズウズしちゃうんです。**自分が行かなければ誰かが大勝ちする。当たり台を取られたくないと思っちゃうわけです」

反対に持ち金すべてをスッてもドル箱を積み上げている人を見ると「今日は運が悪かっただけ」「次は俺が勝つ番だ」と意気込んでしまう。

当然のように貯えはほとんどなくなり、給料の大半をパチンコ代に注ぎ込む生活をしていたから金欠になる。こうなると借金するしかない。最初の借金はクレジットカードのキャッシング枠で20万円。30万円の限度枠が一杯になると当然のように消費者金融へ向かった。

「プロミスだとかレイクだとかの名前の知れている消費者金融だけで90万円ぐらい借りちゃいましたね」

大手で追加融資してもらえなくなるとスポーツ新聞や実話系週刊誌に広告を出しているちょっと危なそうなところでも借金を重ねた。

「給料が振り込まれる銀行でもローン用のカードを作って50万円借りました」

借金の一部は生活費に回したが、大半はパチンコ代に消えた。

「**大当たりを夢見て、お金が貸し玉を得るための紙切れみたいになっちゃうんです。**完全に頭がおかしくなっていたと思います」

ごくたまに10万円、15万円と大勝ちすることがあり、それを借金の返済に充てていたが、負けが込むとまた借りるので借金はまったく減らなかった。

「パチンコをやらない人、興味のない人はさっさと止めて、働いて返しなさいと思うでしょうが、熱中しているとそんな気にならないんです。パチンコで負けた金はパチンコで取り戻す。もう一度出玉の波が来たらすぐに取り返せると思っちゃう。次は高設定の可能性が高い。展開次第でまだいける。こんな感じでしたね」

消費者金融にしろ、その他のカードローンにしろ、限度額まで借りてしまうともう貸してはくれない。家賃の支払いがおぼつかない。今週中に振り込まないと電気が止められるというところまで事態が悪化。こうなると、もう親を騙すしかない。

「会社の機械を壊してしまったので弁償しなければならない。20万円都合してくれなんて嘘をついてお金を送ってもらいました。他にも会社の人たちから3000円とか5000円とか借りていまして。その合計も10万円ぐらいになっていました」

パチンコにのめり込んでこうなるまで僅か3年。借金の総額は200万円まで膨れ上がっていた。

「もう気の休まるときはなかった借金のことで常に頭はいっぱい。**最初は軽い遊び、ストレス解消のつもりで始めたパチンコだったのに、気づいたらとんでもない額の借金を抱えていた**」

ここまで事態が悪化してようやく「俺、激ヤバじゃん」と気付いたが八方塞がりだった。

「いくつかの消費者金融は利息の支払いが1日遅れただけで留守電に催促のメッセージを入れてくる。夜9時頃に支払いを求める電報を送りつけてきたこともあった。この日までにこれだけ返済しなければ給料の一部を差し押さえるぞと通告してきた業者もありましたね」

小額だが金を借りていた職場の人たちも「どうなってんだ」「早く返せよ」と文句を言ってくるようになった。

「後輩にすぐ返すからといって1万円を借りたまま半年も知らん顔。どうにかしてくださいと後輩が俺の上司に訴えたわけ。で、どうなってんだ？　ということになり、**パチンコで借金まみれになっていることが会社中にバレました**」

社員の中には「あいつは危ない」と薄々気付いていた人もいたらしい。昼休みに休憩室でパチンコ雑誌を読み耽っていたり、携帯の動画で深夜に放送しているパチンコ情報番組を観ているところを目撃されていたからだ。

「結局、総務部の管理職まで出てくることになって。パチンコをするなとは言わない、娯楽の範囲ならどうこう言うつもりはないが多額の借金を抱えるのは非行的行為と同じ。**職場の者から金を借りて返済しないのは性質が悪いということで、自発的に退職するよう迫られました。**諭旨《ゆし》免職だよね」

正式に退職したのは18年1月末。最後の給料で職場の人たちから借りたお金はすべて返済した。

「退職金は手取りで40万円ぐらい出ました。これに給料の残りから7万円出して金利の高い消費者金融2社は元利一括で返済しました。これはこれで良かったと思う」

2つの借金は清算できたが手元に残ったのは8万円足らず。家にあるもので売ってお金になるようなものはない。毎月15日が家賃の支払い日なので悠長にしていられないから退職した翌々日から食品工場でアルバイトをすることにした。

「弁当や総菜の製造工場での深夜勤専業でした。夜中に働く方が日給が高いので」

夜9時から翌朝7時までの9時間勤務で日給は交通費込みで1万2000円。週1日の休みで働いたので月収は30万円になった。このアルバイト生活を2ヵ月間ほどやった後に現在働いている業務請負会社に契約社員として採用され、家電量販店の配送センターで働くようになった。

「やっているのは電化製品や寝具、おもちゃなどのピッキングと梱包、トラックへの積み込みです。慣れればさほどきつくはない」

この仕事も日給制で月20日出勤して月収18万円。手取りで14万3000円ぐらい。

「これでは生活するので精一杯です。とても借金を返せません。だから別のアルバイトもしているわけです」

借金返済のための副業は2つやっている。

「月曜日から金曜日までは浜松町のオフィスビルで清掃作業。事務所内に入室してゴミ回収と掃除機掛けをやっている」

勤務時間は18時から21時までの3時間、時給は1100円なので月収は6万6000円になる。

「土日は派遣で品川のホテルへ行っています。仕事はレストランや結婚式などの宴会から出る食器類の皿洗いです」

この賃金は8時間労働で交通費込みの日当が9000円。

「4週8回ある土日のうち6回は出勤していますね。もっと稼ぎたいけど2週間に1度は完全休養日にしないと身体が持ちません」

２つの副業の合計はちょうど12万円。２万円だけは生活費の足しにするがあとはすべて借金の返済に回している。しかし、疲労が溜まって仕方がないという。

本業の労働時間が１６０時間、ビル清掃が60時間、派遣の皿洗いは48時間。合計すると１ヵ月間の総労働時間は２６８時間。祝日がない月は２８０時間を超えることもあるのでいつも身体が重だるい。

「２週間ぶっ通しで働くと耳鳴りがしたり、周囲が歪んで見えたりすることもある。だけど仕方ないものな」

およそ１年で借金はほぼ半分返した。現在の残高は約１２０万円。毎月元金部分と利息分で10万円返済しているが、このペースで返済を続けてもあと１年はかかる。

「**借金をするのは本当に簡単でした。**消費者金融にしろ銀行のカードローンにしろ、カードさえ作ってしまえばＡＴＭに入れたらお金が出てくる。貯金箱だと思った」

借金慣れするとお金を借りることに後ろめたさを感じなくなっていく。金利が付いたらこれだけ返さなければならないという計算もできなくなる。大当たりが連発したらすぐに返せるなんて非現実的なことしか考えなくなる。今になって「借金は怖い」「借金なんてしたら絶対に駄目」と痛感するが後の祭りだ。

「**今はもうパチンコなんかに興味も関心もなくなりました。何が楽しかったんだろうと思います**」

雨でも台風でも大雪でもパチンコ屋に行くほどパチンコが最優先だったのが嘘のようだ。

「普通に歩いていてパチンコ屋の前を通るとうるさいでしょ。ハマっていたときは気分がハイになったけど今は耳障りなだけです。静かにしろよって思うもの。お姉ちゃんが配っているティッシュも受け取りません」

今はパチンコ屋とは言わずにパーラー、アミューズメントホールと言い換えているが、やっぱりあれは博打場だったと思う。

「4円パチンコで1万円突っ込んでも当たりがなかったら30分でおしまい。1円で1000円分やっても10分で溶けちゃうんだからね。冷静に考えたらお金をドブに捨てるようなものでしょう。馬鹿みたいな話だよ」

ストレス発散とか一時的な遊興でもお金が絡むものに手を出したら駄目。これはしくじった人間からの警告だ。

「俺の人生、こんなはずじゃなかったと思う」

今は1日も早く借金を返してやり直したい。

◎過酷な借金苦の実態

# 借金返済で追い込まれていく人々

**◆消費者金融の取り立てマニュアル**

借金の返済は辛い。借りるときはたいしたことのない金額だと思っても、それをいざ返済するとなると金額の重さを痛感する。借金が雪だるま式に増えた→利息の支払いだけで元本が一向に減らない→もう利息すら払えない。こういう流れでとうとうパンク。こうなると貸金業者の回収、取り立てに遭うことになる。

消費者金融の取り立てはおおよそ次のような流れで行われる。

①延滞発生

延滞発生から1週間程度は電話による催促。まず自宅に電話がかかってくる。このとき当人以外の家人が出た場合は関係を名乗らず○○に電話するようにとだけ告げる。催促の電話は勤め先にも来る。この場合は架空の会社名を名乗り、仕事の連絡と装うことが多い。延滞し

ている人からすれば会社への電話はやめてくれと思うが業者がやめるはずがない

②延滞が1週間以上

電話が執拗になる。なぜ払えないのか。いつなら払えるのか。収入はどうなのかなどを事細かに聞かれる

③延滞が2週間以上

電報が来る。電報は借入れの事実の漏洩《ろうえい》と精神的圧迫が目的。家族が受け取ったら借金していることがバレて家庭争議に。昔は電話の加入権を差し押さえるという文言が付いていた

④延滞1ヵ月

請求書が送りつけられる。請求書には遅延損害金を含めた返済額が記入されている明細書が同封されている。滞納者の多くは延滞利息の利率の高さに驚く

⑤延滞2ヵ月

親族に連絡が行く。融資申込時に申告した親族（親、兄弟姉妹）に連絡される。本人以外に

は請求権がないので払えとは言わないが、払う気になるよう誘導し、代理弁済する気になるまでしつこく続けることがある

⑥延滞3ヵ月
内容証明郵便で借金の残高の一括返済を求められる。内容証明郵便を無視していると財産や給料の差し押さえが行われる。債務者名義の預貯金、生命保険、不動産、有価証券などが対象だが、消費者金融に借金している人が財産を持っているわけがなく、給料の4分の1を差し押さえることが多い

⑦延滞4ヵ月以上
債務者のほとんどは全額一括請求されても払えない。弁護士を立てて分割払いで決着することになる。しかし、弁護士費用が工面できない、法テラスや国民生活センターを知らないという人は、夜逃げするか、最悪の場合は自殺や一家心中

借金問題をこじらせてしまう一番の原因は周りの人に相談しづらいこと。妻や夫に「これだけの借金を作ってしまった」とは言いたくない。実の親や兄弟姉妹にだって借金で苦しんでいるこ

とは知られたくない。その結果、孤立したり情報不足で状況を悪化させてしまうことになる。借金のことが頭から離れなくなってきた。ちゃんと返せるか自信がない。利息の支払いで一杯、元金は返せなくなった。こうなったらもう破綻予備軍。一刻も早く信頼できる専門家や各相談機関に相談することが賢明だ。

借金問題の解決方法は自己破産以外にも特定調停、任意整理、個人再生などがあり、それぞれの状況に応じた解決策があるのだから。

## ◆借金と犯罪

借金の取り立てはきつい。テレビCMを流している大手消費者金融でも返済が1日遅れたら確認の電話を入れてくる。これが中小の業者や手形割引業者、あるいはヤミ金のようなところだったら性質が悪い。「腎臓を売れ」「娘を風俗で働かせろ」などとまくし立てたり、「銀行強盗でもして金を持ってこい」「ダム工事と原発作業と、どっちか選べ」「ロシアのタラバ蟹漁船に売るぞ」などと脅してくることもある。

こんな状態に追い詰められたら正常な精神状態ではいられない。「何がなんでもお金を作らなくては」と悪事に手を染めてしまう場合もある。ここ数年に報道された借金絡みの犯罪を調べてみたら次から次に出てきた。

２０１２年5月には大手保険会社の代理店経営者が複数の顧客と架空の保険契約を結び、契約者から保険料として約5億円を詐取していたことが明らかになった。逮捕された経営者は海外のカジノでの遊興費や借金返済のためにやったと自供。

同年6月には埼玉県警の現職警察官がヤミ金から融資を受けるため自分名義の銀行通帳を売り渡したとして、詐欺と犯罪収益移転防止法違反で書類送検されている。銀行で普通貯金口座を開設、貯金通帳とキャッシュカードをヤミ金業者に譲渡し、これを担保に5万４０００円の融資を受けたという。犯行の理由は、パチンコにのめり込んで作った複数のヤミ金業者からの70万円と、警察署同僚から借りた３５０万円の借金を返済するためということだ。

２０１４年11月には、ネットで知り合った男に車などの中に4日間監禁され、現金1万５０００円を盗まれたという被害届を出した女性がいたが実は虚言で、消費者金融などに借金があり、事件に巻き込まれて金を奪われたと言えば借金がチャラになると思ったと自供している。

また､同年8月には、ヤミ金からの借金返済のために自らヤミ金を運営したとして貸金業違反（無登録営業）の容疑で40代の男が逮捕されている。およそ4年間で１８００万円近い利益を得ていたそうだが、ヤミ金を運営していた理由は借金返済のためと自供。

借金絡みでは殺人事件も起きているが、有名人が犯人ということもあった。

金銭トラブルから知人の金融業者を殺害したとして1999年12月に逮捕されたのは、子連れ狼の大五郎役を演じていた元俳優。芸能界引退後は雀荘経営などをしていたが方々に借金を抱えていた。金融業者を殺害して奪った550万円は借金の返済に充てたということだ。犯行後は海外に逃亡していたが逮捕され、裁判で無期懲役が確定している。

プロ野球のロッテ球団の主力投手だった男が強盗殺人で逮捕されたのが2004年11月。野球界から去ったあとは一般企業で働いていたが、離婚した前妻への慰謝料などで消費者金融をはじめとして約1000万円の借金を抱えていたらしい。強盗に入ったのは当時勤めていた会社の会長宅で、応対したお手伝いさんを殺害し、現金130万円を奪って逃走したがすぐに逮捕され、裁判で無期懲役となっている。

これほどの重大犯罪ではないが、ニュースで、コンビニ強盗が逮捕された、特殊詐欺の受け子が逮捕されたという報道があると、犯行の動機として消費者金融に多額の借金があったとか、借金返済のためにということが多々ある。借金を作り、返済に窮すると善悪の判断や思考が狂ってしまうのだろう。

だから犯罪者集団から見たら多重債務者は打ち出の小槌。とことん利用されてしまうことになる。古典的な方法としては携帯電話を契約させ、それを転売するもの。最近は携帯各社が用心しているので1社で何台も契約することは難しい。だからすべてのモバイル会社の携帯電話を新規で契約させ、それを闇に流す。

債務者から買い取るのは1台1万円程度だが転売するときは4~5万円が相場。買い手はヤミ金業者、薬物の売人、特殊詐欺グループなど。間接的に犯罪に加担させられることになる。

銀行、信金、郵便局に口座を作らせ通帳とキャッシュカードを転売するのもよくある手口。これも犯罪収益金をプールするために裏社会の人間に転売される。

債務者が独身なら偽装結婚させることもある。相手はフィリピン人、韓国人、中国人がほとんどだが、最近は東欧の女性と結婚させられることもあるそうだ。報酬は50~100万円だが入国管理局が厳しい目で見ているので結婚許可が出なかったり、追跡調査で摘発されたりすることもある。

この偽装結婚で摘発されたのが優勝経験もある元大相撲力士。この元力士は現役引退後にギャンブル依存症になり多額の借金を抱えていたそうだ。そこへ偽装結婚を持ちかけられ130万円の報酬で中国人女性と偽装結婚。しかし当局に摘発され、逮捕されて実刑判決を受けている。

借金を返すために犯罪者になって刑務所暮らしをするのと、法的処理をして人生をやり直すのと、どっちが真っ当か冷静に考えれば誰でも分かるはずだ。

借金の問題は適切な窓口で相談すれば解決できる。各相談窓口では債務の整理や家計管理、生活再建などの対策を提案、指導してくれるので、まずは相談してみることだ。

| 一般消費者向け相談窓口 | 連絡先 |
|---|---|
| 東京財務事務所 | 03－5842－7475 |
| 東京都消費生活総合センター | 03－3235－1155 |
| 消費者ホットライン | 188 |
| (公財) 日本クレジットカウンセリング協会 | 0570－031640 |
| 法テラス・サポートダイヤル | 0570－078374 |
| 法テラス東京 | 0570－078301 |
| 東京司法書士会 | 03－3353－9191 |
| 東京司法書士会総合相談センター | 03－3353－9205 |
| 東京司法書士会司法書士ホットライン | 03－3353－2700 |

| 東京三弁護士会のクレサラ無料法律相談 | 連絡先（すべて予約制） |
|---|---|
| 弁護士会新宿総合法律相談センター | 03－5312－5850 |
| 弁護士会錦糸町法律相談センター | 03－5625－7336 |
| 弁護士会蒲田法律相談センター | 03－5714－0081 |
| 弁護士会霞が関法律相談センター | 03－3581－1511 |
| 弁護士会池袋法律相談センター | 03－5979－2855 |
| 弁護士会北千住法律相談センター | 03－5284－5055 |
| 弁護士会渋谷パブリック法律相談センター | 03－5766－8101 |
| 弁護士会八王子法律相談センター | 042－645－4540 |
| 弁護士会立川法律相談センター | 042－548－7790 |

**借金、多重債務、ヤミ金等の相談窓口**

## ◆多重債務者の末路

多額の借金を抱え、「もうどうにもならない」という状況に陥ったら尋常な精神状態ではいられなくなる。「利息を入れるのも不可能」「返済のことを考えると鬱になって夜も眠れない」「督促や取立てが怖い」「借金のせいで貯金はなく友人も離れていった」「相談する人がいない」「解決する方法が分からない」……。このようにどんどん孤立していく。

こうなったときにまず考えるのが夜逃げ。姿をくらまし、借金の時効が成立するまで身を潜めようと思う人がいるだろう。

確かに借金には時効があり、5年で時効を主張できるケースとしては消費者金融、信販会社のキャッシング、銀行カードローンの債務などがこれに該当する。

しかし、相手は金融業者。金貸しは借金回収のプロでもあるから、そう簡単にはいかないのだ。債権者が債務の弁済を求める訴訟を起こしたときは、その時点で時効のカウントは中断する。判決が確定して訴訟が終了したときから再度カウントは進行を始めるが、この場合は債権者が回収の権利を行使できるときから10年も経たないと時効は成立しない。

仮定の話として2014年7月から返済していないから2019年6月には時効が成立すると思っても、その直前の5月に金融業者が「貸した金返せ」と提訴した時点で時効は中断する。そして裁判所が「返しなさい」と判決を下すと、そこから起算して10年経過しないと時効にならない。裁判等の時効中断期間を含めると時効が成立するのは2030年頃。

現実的に考えれば16年近くも逃げ回るのは不可能に近い。住所不定で自分を証明できるものを持っていないからまともな仕事には就けない。今はパート・アルバイトで働く場合でもマイナンバーカードかマイナンバーの通知書と運転免許証、健康保険証の提示を求められる時代。派遣や業務請負会社で働く場合も同様だから、できるのは身分証のいらない危ない筋の日雇い仕事ぐらいだ。きつい肉体労働が無理ならホームレスになって廃品回収や雑誌拾い、並び屋でもして1日1000円稼げれば上出来。生きていくどころではない。

また、健康保険証を持っていないから病気になったら簡単に野垂れ死にする。そうなったら身元不詳の行旅《こうりょ》死亡人で無縁墓地に葬られておしまい。夜逃げするならこれくらいの覚悟が必要なのだ。

多重債務に苦しむ人の中には「いっそ死んでしまおう」と思い詰める人も多い。平成30年の自殺統計（厚生労働省・警察庁）を見てみると、平成30年の自殺者総数は2万840人（男性1万4290人、女性6550人）。このうち経済・生活問題が原因で自殺した人は3432人（男性2998人、女性434人）にもなる。この中で借金、負債を苦にして自殺した人はどのくらいかというと、次ページの表の通り。

多重債務者の中には「せめてもの償いで自殺して、生命保険の死亡保障で清算するしかない」ということが頭をかすめる人もいるかもしれないが、これは無意味になる可能性が高い。自殺と生命保険に関しては、保険法第51条1号によって「被保険者の自殺に関しては保険会社は保険金給付の責務はない」と定められている。これは保険金目的での自殺を抑制するためというのが大きな理由だ。

保険会社の中には契約から一定の期間（2~3年）のみを免責期間とし、一部の自殺については保険金の支払いを認めていることもあるが、自殺によって死亡したすべての場合に保険金が支払われるわけではない。

もしも自殺して生命保険で借金を返済しようと思うなら、契約書の約款を確認してから考えてみても遅くない。それに自殺したとしても、鉄道自殺なら鉄道会社から遺族に多額の損害金が請求される可能性があるし、部屋で首吊りや手首を切って自殺した場合は、家主から特殊清掃料や次の入居者が決まらないことで被る損害を請求されることもある。自殺してすべてを清算するというのは現実的で

| 原因 | 総数（人） | 男性（人） | 女性（人） |
|---|---|---|---|
| 多重債務 | 703 | 648 | 55 |
| 連帯保証債務 | 18 | 15 | 3 |
| その他の負債 | 586 | 517 | 69 |
| 借金の取り立て苦 | 39 | 37 | 2 |
| 自殺による保険金支給 | 39 | 36 | 3 |
| 他に生活苦が原因で自殺した人が 992 人（男性 833 人、女性 159 人） | | | |

はない。むしろ死に損ということになりかねないのだから。

借金の残高が２００万円を超えた。月々の返済額が月収の3分の1以上になる。こうなったら完全な多重債務者だ。夜逃げや自殺など考えず専門家に相談し、法的な救済措置を検討してもらう。たかが借金で人生を棒に振ってはいけない。

【第３章】

# 思わぬところにあった借金の罠

# 夢の代償はキャバクラ嬢

中川圭子（23歳）

NO.06

出身地／秋田県能代市　現住所／東京都荒川区
職業／フリーター　収入／月収16～18万円　家賃／5万3000円
主な借金／第2種奨学金144万円（利子込みの返済総額は180万円）
　銀行カードローン50万円　他にリボ払い8万円
　他に国民健康保険の滞納金4万4000円（既に完済）
現在の残高／奨学金120万円　銀行カードローン25万円プラス利子
月々の返済額／奨学金1万5000円　銀行カードローン約1万2000円

「4年前は夢がいっぱい、今は借金がいっぱい。自分と同じ年に高校を卒業した人は社会人として頑張っているのにわたしは定職なしのフリーター。もう夢だとかやりたいことだとか言っていられません」

とにかく借金を返すことが最優先だと言う中川さんが、声優になりたいと上京してアニメ・声優専門学校に入ったのが2013年春。2年制の専門学校を卒業し、その後に声優・ナレーター事務所が運営する養成所にも通ったが夢は叶わず、この1年半はフリーターをしている。専門学校に通うために借りた奨学金をはじめとする借金が重なり、その返済のために3ヵ月前からキャバクラ勤めをしているそうだ。

「**なりたかった自分とはまったく別の人間になってしまいましたね。こんなはずじゃなかったのにな**」

今は、夢は夢としてお菓子の空き箱にでも入れておけば良かったと思う。

「わたし、小学生の頃からマンガが大好きで、その頃はマンガ家になるのが夢でした」

中学生になるとアニメで活躍する声優に憧れるようになる。人気声優の水樹奈々が声優として初めて紅白歌合戦に出場したり、東京ドームで数万人の観客を集めてライブをしたりしているのを胸をときめかせて観ていた。

「アニメの声優さんがユニットを組んでCDを出したり歌番組に出ているのを観て、**自分もスポットライトを浴びるような声優になりたいと思いました**」

その頃好きだったのが三森すずこ、上坂すみれ、竹達彩奈、飯田里穂、浅野真澄などの人気声優。努力すれば自分も彼女たちのようになれると思い込んでしまった。

「高校3年生の夏休み明けに、進学するのか就職するのか、進学するなら志望校はどこなのかなどを担任の先生と面談したのですが、その席で将来の夢は声優で、そのために東京のアニメ・声優専門学校に行くつもりと伝えたら呆れられました。そんなこと言っているのはお前だけだぞって怒られた」

副担任の若い女性教師からも、今後希望する職種に役立つ能力を得られる学校への進学も検討しなさいと忠告された。夢を持つのは悪いことではないが夢だけでは生活していけない。こういうアドバイスもされたがよく分からなかった。

「親にも猛反対されました。特に父はくだらんことを言ってるんじゃないとまともに取り合ってくれなかった」

両親には地元の公立大学、さもなくば看護師、理学療法士、臨床検査技師などの医療系専門学校に行くことを勧められた。堅実で安定した仕事に就けることが一番。芸能界なんて馬鹿なことを考えるなと一喝だった。

「やりたいことをやって暮らしていけるのか、失敗したらどうするんだということですね。兄や姉にも、成功する確率は恐ろしく低い、**夢で人生を棒に振ったらどうすると言われました**」

それでも聞く耳持たずで、「失敗しても誰かのせいにしない」「大学に進んだ同級生が社会人になる年齢になっても芽が出なかったら普通の仕事に就く」という条件で首を縦に振ってもらった。

こうして２０１３年春に上京、アニメ・声優専門学校に入学したが、学費が高い。初年度の納入金が約１３０万円だったから私立大学並みだ。

「学費は何とか出してくれたけど仕送りは４万円が限度。あとはアルバイトをして自分で賄うしかありませんでした」

仕送り4万円では東京で暮らしていくのは無理な話。そこで利用したのが第2種の奨学金。月額6万円で2年間だから総額は144万円、これが最初の借金だった。

「あとは1日3〜4時間のアルバイトですね」

やったのはカフェ、イタリアンレストラン、ファンシー雑貨店など。青山や原宿にある店で、田舎にいたときにテレビで観て「いいなあ、東京に行ってみたいな」と憧れていたような場所だ。自分もキラキラしていると思い込んでいた。

「時給はどこも1000円以上でした、これも田舎では考えられない金額だった。実家近くのコンビニだと昼間の時給は830円。こっちだとアパート近くにあるコンビニの夜勤アルバイトが時給1375円、やっぱり東京は凄いなあと思いました。その分、家賃や物価、飲食店の値段が高いけど」

学校では、アクセント、イントネーションの矯正、ボーカルレッスン、アテレコ、外画吹替え、ナレーション、器楽演奏、ダンス、バレエ、演技レッスンなどの授業を受けた。

「**在学中はやりたいことをやっているという満足感はありました**」

ところが卒業を前にして目論見が外れた。すぐに声優になるのは不可能だったのだ。

「卒業前の10月と明けて1月に、いろいろな芸能プロダクションや声優事務所の幹部を招いて入所試験的なオーディションがあったのですが、**わたしにはどこからも声が掛からなかった**」

このときに初めて知ったのだが、声優事務所は自前の養成所を持っており、専門学校を卒業した後に改めて養成所に入り直し、そこで認められれば事務所に所属できるというのが普通。簡単には声優デビューなどできないのだ。

「事務所に所属していなければオーディションを受けることはほぼ不可能。フリーでやっている声優もいるが大御所と言われているベテランだけ。そういう業界の慣行も初めて知りました」

この時点で同期生のほとんどが声優になることを諦め、別の進路を探し始めた。しかし中川さんは「ここで諦めたら2年間が無駄になる。もう少し頑張ってみる」と決め、専門学校卒業後は有名声優を多数抱える事務所直属の養成所に入り直した。2つ目の借金はこのときの入所金と受講料だった。

「**入所金と受講料で30万円必要でした。** 専門学校に通っているときはずっとアルバイトをしていたけど貯金は15万円ぐらいしかなかったので」

ちょうどアパートの契約更新と重なり、更新料と2年間の火災保険料も払わなければならなかったので銀行のカードローンを利用してしまった。年齢は満20歳を超えているので法的に借金することは問題ない。

「消費者金融はあまりいいイメージがないけど、銀行ローンなら安心だと思ったんです」

借りた額は限度額一杯の50万円。金利を付けたらいくら返すことになるのかよく考えなかった。

「養成所の授業は週2回、ないし3回。なのであとはアルバイトで生活費を捻出していました。働かなければ家賃も払えませんから」

専門学校の2年間は月6万円の奨学金があったが、卒業したので終了。この6万円分を補うには月60時間以上アルバイトの時間を増やさなければならない。

「アルバイトを探すのに苦労したことはありません。養成所の授業日を避けるようにコンビニ、ネットカフェ、エスニックレストランなどで働いていました。だけどアルバイトだと月15万円ぐらいの収入が限度でしたね」

学校に通いながらアルバイトをするのと、生活のためにアルバイトをするのとでは気持ちの持ちようも違ってくる。はっきり言えば楽しくはない。

「**専門学校を卒業して半年後には奨学金の返済を始めろという通知が届き、生活が一気に苦しくなりました**」

そうだ、自分には144万円の借金を返す義務があるんだと我に返った。月収15万円でも家賃、その他の固定費と社会保険料を払ったらギリギリなのに奨学金という借金の返済がある。一気に現実に引き戻された感じだった。

「返済は利子を付けて月々1万5000円。これを10年120回で返すんです」

借りるときは月々1万5000円の支払いなら苦にならないと甘く見ていたが、収入が少ないからひどく重たく感じた。

「銀行のカードローンも1万2000円ぐらい返していたので、毎月2万7000円も借金返済に消えていく。ヤバイと思いました」

アルバイトの収入が15万円あっても家賃が5万3000円。水道光熱費と通信費で1万6000円、社会保険料（自治体の国民健康保険と国民年金）が2万2000円。借金の返済額が2万5000円なので手元に残るのは3万4000円ぐらいという水準。これで1ヵ月暮らすのは相当きつい。だから食費を浮かすためにアルバイトは賄いが出る飲食店ばかりでやっていた。

夢だった声優はどうかというと、やはり芽が出なかった。

**「養成所でみっちりやったけど力が足りなかった。**何しろ一緒だった人で事務所に引き上げられたのはゼロ。男性1人だけが事務所預かりになっただけでした」

講師に来ていたプロの声優からも業界の厳しさを教えられた。声優志望者が1000人いたとして、事務所に入れるのは50人いるかいないか。コンスタントに仕事があるのはそのうち5、6人。業界全体を見ても声優だけで食べていけるのはほんの一握り。40歳過ぎてもアルバイト兼業でやっている人もいる。

「そこそこ実力があっても運や巡り合わせの世界なので簡単にはいきません。**自分でもこれは駄**

**目だなと諦めがつきました。**過ぎた夢は身を滅ぼすとも言われたし」

2018年3月に1年間のプログラムが終了。これをもって養成所も退所した。養成所を退所した後はアルバイトを掛け持ちしながら就職活動に取り組んでいるが、結果は芳しくない。

「できればオフィスワーク、デスクワークの仕事がいいのですが、履歴書を送付しても1週間で送り返されることが何度もありました」

厳しいが、学歴というシビアな線引きもあり、こういう仕事をやってみたいと思っても応募資格が4年制大学卒となっていると手も足も出ない。

「卒業した専門学校は文科省が認可した専門学校だけど、企業の人はほとんど評価していないみたいです。アニメ・声優専門学校なんて遊んでいただけだろう的な見方をされる。何とか面接できても不採用の連続です」

とある運送会社での面接のとき、大学・短大に進学しなかったのはなぜか、この専門学校で得たものは何かなどと突っ込まれた。

「専門学校での授業内容を詳しく説明したのですが、それは働く力にはならないと一蹴されちゃいました。実社会に出るときに役に立つ勉強をしておくべきだったね。**夢や表現者になりたいだとか、そんな甘いことを言ってたら生きていけない。**こんな感じでした」

翌日の夕方には提出した履歴書を送り返してきた。現実問題として、同じ専門学校卒でも簿記会計や情報処理などを学んだ人の方が評価されるし、持っているのはＡＴ限定の運転免許だけで簿記やパソコンに関する資格は持っていない。これでは仕事を選ぶことは難しい。これまでに紳士服販売チェーン、レンタカー会社、宝飾品販売店、医療福祉法人などの面接も受けたがすべて不採用だ。

面接のたびにチクリとやられるのが「もったいないことをしたね」「もう1回勉強し直してみないと駄目だよ」「早く正社員になってご両親を安心させないと」等々。心が折れる。

金銭的にもかなりピンチになってしまった。

「ランチタイムの4時間だけやっていたベトナム料理店が突然閉店になってしまって。オーナーの所在も分からず、丸1ヵ月分のお給料10万円を踏み倒されました」

慌ててとんかつ屋のアルバイトを探したが、年末に扁桃腺を腫らして39度近い高熱が出てダウン。咳が1週間止まらなかったので8日も欠勤。3万2000円の収入が消えた。

「**最近はアルバイトも簡単に採用されなくなってきました。**コンビニ、ディスカウントストア、食品スーパーでお断りされたんです。専門学校生の身分を失ったからなのかな」

最近は以前にやっていた日々紹介の日雇いアルバイトがメイン。ただし仕事は不定期だ。10日連続で出勤ということもあるが、仕事が入ってくるのは週3日だけということもある。

賃金も9時間拘束8時間労働で交通費込みの日給が7800円～8000円。これでは生活が危うくなる。

**「こんなんじゃ借金をいつ返し終えられるか分からないでしょ。なので嫌でもまとまったお金を稼がなくてはと思ったんです」**

専門学校に在籍しているときから仲の良い子がキャバクラでアルバイトしていることは知っていた。その子に相談してみたのだ。

「そしたら店長を紹介するからということになって。訪ねたらすぐに採用してくれた。時給は２２００円からのスタートで売上げの何％かが歩合として付くということでした。指名があれば指名料の50％を戻すという条件でキャバ嬢デビューしました」

最初の１ヵ月間は金土日の３日出勤、夜６時から深夜０時までという条件。これでどれだけ稼げたかというと25万円。

「半分は借金の返済に充てました。奨学金にしろ銀行のカードローンにしろこれまで遅れたことはありませんが、まとめて早く返したいから」

キャバクラで働く前に中川さんが抱えていた借金の残りは、奨学金が78回分で97万５０００円、銀行カードローンが15万円、クレジットカードのリボ払いが８万円ほど。アルバイトが途切れたせいで国民健康保険も２ヵ月分滞納しており、これが約４万４０００円。すべて合算すると約１２５万円だった。

最初の給料で国民健康保険の滞納分とリボ払いの全額を一括返済。これで2つの借金は消えた。

「翌月は指名料と売上げの歩合が多かったので30万円近くあった。なので銀行のカードローンも利子を付けて全部返しきれました。これでひと安心です」

今も就職活動をやっているが実際はキャバクラ専業に近い生活だ。

「月曜日だけはハローワークに通っています。月曜日は新着の求人情報が多いから。だけど資格や職務経験を求められる仕事が多くて厳しいですね。物流関係、警備、飲食などはよく勧められます。アルバイトでやるにはいいけど、ずっとやるのはちょっと」

こんな事情なのでキャバクラで稼げるだけ稼ぎ、奨学金の残りを繰り上げ返済し、できるだけ早く完済したいと思っている。

「先月からは週5日出るようにして、時給も100円上げてくれたので給料は37万円ぐらいありました。10％源泉徴収されて手取りは33万円。毎月の奨学金返済分と生活費を13万円に抑えて、残りは郵便貯金に入れました」

毎月20万円を積み立てられれば半年で120万円になる。これで一括して返済できればと考えているのだ。

「繰り上げ返済は事前に機構へ連絡する必要があるんです。手続き上1、2ヵ月後ろ倒しになるけどうまくいったらこの年末、遅くとも来年の2月までには完済できるかもしれないでしょ。奨学金を返しきらないとわたしは自由になれませんから」

奨学金を返し終えたら普通のアルバイトをやりながら職業訓練を受けるか、さもなくば故郷に帰って地元で働き口を探すか。もう夢だ、やりたいことだなんて言うつもりはない。

**「専門学校の２年間はそれなりに楽しかったし充実していたと思うけど、その後はしんどかった。自分に才能がないのが分かったし、現実の厳しさを教えられました」**

今そこに高校生の自分がいたら、その道は危ないと諭してやりたい。

# 奨学金で狂った人生

NO.07

## 野坂敏和（29歳）

出身地／新潟県　現住所／東京都板橋区
職業／会社員　収入／月収24万円（手取り20万円）　家賃／5万8000円
主な借金／第2種奨学金384万円（利子込みの返済額は432万円）
銀行カードローン30万円　他に大学在学中に運転免許ローン30万円、
学生ローン30万円（既に完済）
借金の残高／奨学金200万円、銀行カードローン30万円
月々の返済額／奨学金1万8000円　銀行カードローン2万5000円＋利子

「**奨学金の返済がこれほどしんどいとは思っていませんでした。**利子が付くとはいっても240回分割なら毎月の返済額は1万8000円ほど。これなら問題なく返せると思っていました」

口元をへの字にして溜息をついた野坂さん。現在は返済猶予を申請して認められたのできつい催促や取り立てはないが、銀行カードローンで作った借金も30万円残っているので生活は苦しいままだ。

「出身は新潟で、東京に来たのは大学進学のためです」

小中学校から成績は良く、高校は県立の進学校。都内の上位私大に難なく合格し、工学部で情報工学やシステム設計を学んだという経歴だ。

「実家は貧しくはなかったが裕福というわけでもありませんでした」

野坂さんが大学受験した当時も実家は住宅ローンを抱えており、塾や予備校などに通うことはできなかったそうだ。だから東京の私大に通うためには奨学金は絶対に必要だった。授業料などは親が出してくれたが仕送りは3万円だけ。あとは奨学金とアルバイトが頼みの綱。アルバイトは飲食店と日雇い派遣を掛け持ちしていたという。

「**奨学金は第2種で月8万円貸与してもらいました。今になって考えると借り過ぎだったと思う。返済についても甘く見ていましたね**」

4年間の貸与総額は384万円。利子は年利にして1％と低いが返済総額は432万円にもなる。そもそも奨学金が実質的に借金だという自覚も足りなかった。

「卒業後に就職したのは大手電機メーカー傘下のソフトシステム開発設計会社です。見習いのプログラマーからスタートしました」

給料は基本給に固定残業代と若干の手当が付いて額面21万円、賞与も年に2回支給だから世間相場並み。先輩たちの話では勤続5年で年収が400～420万円になるということだったので奨学金の返済は簡単だと思っていた。

「奨学金の返済は就職して7ヵ月目から始めました。月々の返済額は1万8000円です」

給料の手取りは18万円近くあったのでこれだけなら問題ないが、実は他にも借金があって、それも返済していたから余裕はなかった。

「ひとつは自動車教習所の運転免許ローンで30万円。学生ローンも2社で30万円ありまして」

学生ローンのひとつは就職活動の費用に充てるために借りたもの。スーツ、鞄、靴などの購入費に加え、名古屋や大阪が本拠地の会社への会社訪問や企業説明会、OB訪問のために必要だった。

「もうひとつは卒業間近に借りてしまったもので、卒業旅行と引っ越しに使ってしまいました。当時はお金がないから諦めるということはしたくなかった」

学生時代の体験は貴重だからと思っていたが、今になって考えると奨学金だけで384万円も借りているのに、さらに旅行で借金を重ねるのは浅はかでしかない。しかし、当時は考えが回らなかった。

「**恥ずかしい話ですが、大学を卒業して今日から社会人スタートですという時点で自分は492万円の借金を背負っていたわけです。**背筋が凍る金額ですよね」

運転免許ローンと学生ローンは利子がそれぞれ8％、15％と高い。2年24回で返す予定だったので毎月元本部分2万5000円と残高に連動する利子分を支払う。さらに奨学金の返済も始まったので毎月の返済総額は4万3000円以上だった。

生活費は家賃が6万4000円、水道光熱費が1万円。固定電話代込みの通信費が8000円。毎月8万円ほどが固定費として出ていく。これに借金の返済4万3000円が加わると12万5000円。

「残りの5万円ちょっとのうち食費が2万5000円。お小遣いを1万5000円とすると残るのは1万2、3000円だから余裕なんてありませんよ」

計画通りに2年後には運転免許ローンと学生ローンは完済、これで2つの借金は消えた。

「奨学金も滞ることなく返していました」

奨学金の返済はここまで19回分。他の借金が消えたので少しはゆとりのある暮らしをしたいところだが、借金がたくさん残っていると思うと気持ちは落ち着かなかった。

「できる限り早く残りを半分以下、可能なら3分の1ぐらいまで減らそうと思い、繰り上げに次ぐ繰り上げで返しまくっていましたね」

毎月の返済とは別に夏の賞与が出た翌月の7月、冬の賞与が出た翌月の1月にはそれぞれ6ヵ月分を繰り上げて返済。1年間に24回分を返済していた。

「賞与の手取りは25〜27万円ぐらいだったので手元には10万円ぐらいしか残りませんでした。これは分割して月々の生活費の足しにしていました。なので蓄えはあまり増えませんでした」

こうまでして返済を急いだのは、当時付き合っていたガールフレンドにいろいろ言われたから。

「それは借金でしょ、どうしてそんなに借りちゃったの、いつになったら返し終えるのって」

東京生まれの東京育ちで、付属高校から持ち上がりで入学したガールフレンドには、地方出身者が東京の私大に通うのがどれほど大変なことなのか分からなかった。

「親に半分くらい出してもらったらとか、祖父母に援助してもらえばなんて言いだして。親に余裕があれば最初から奨学金は受けなかったのに、そういう事情を理解できないんですよ。面倒くさくなってその人とは別れました」

その後も可能な限り繰り上げ返済をして17年8月迄に130回分を返済。「もう半分以上返した」と安堵したが、体調を壊して返済計画が狂ってしまった。

「**年々残業が増えてゆき、月90〜100時間も時間外勤務するようになりました。**どんなに時間外勤務しても固定残業代制だから毎月60〜70時間もタダ働き。成果主義も取り入れられたのでストレスも溜まって。これでは身体がおかしくなるのは当然ですよね」

身体の不調は耳鳴り、偏頭痛から始まって慢性的な下痢、睡眠障害も現れた。食欲も減退し朝は缶コーヒーだけ。昼も夜も以前の半分くらいの量を食べるのがやっとになってしまった。

「騙し騙しで2ヵ月間我慢したのですが、ある日を境に出社することができなくなりまして。朝起き出して布団から出たのはいいものの洗面台の前で身体が硬直してしまいました」

その日は扁桃腺《へんとうせん》を腫らして熱が出たと嘘をついて病欠。ところが翌日も出勤しようとすると動悸がして冷汗が出てきた。

「ああ、やっちゃったなと思った。体調がおかしくなってからネットや図書館にある家庭の医学みたいなもので調べていたんです。**自分の症状は心身症とかうつ病に似ていたのでヤバイなと心配していた。その通りになってしまった**」

住んでいる地域で一番大きな総合病院へ行き、最初は心療内科で受診。その後、精神神経科の医師に診てもらうと軽度のうつ病と診断された。過労が主たる原因だろうということだった。

「やっぱりという感じでしたね。原因が分かってすっきりした。なってしまったものはしょうがないですから」

会社には診断書を提出して休職することになったが、上司の苦々しそうな顔つきは今でも忘れられない。

「ほとんど有給休暇が未消化だったので丸1ヵ月間は金銭的な問題はありませんでした」

治療に専念したものの、さしたる効果はなく休職2ヵ月目に突入。

「これで給与収入はなくなりましたね。健保組合から傷病手当が支給されたけど日給の3分の2なので1ヵ月当たりにすると14万円ほどだった」

家賃と他の固定費を払い、医療費も出すと手元に残るのは2万円もない状態。

「**こんなんじゃ奨学金の返済なんてできるわけない。**機構に返済猶予を申請し返済を待ってもらえるよう手続きをしました」

会社なんて冷たいもので休職3ヵ月目が終わる頃になると「いつまで休むんだ」「人手が足りなくて大変なんだよ。早く出てきてもらわないと困る」などと言ってくる。

「**裏を返せば、早いとこ自発的に退職しろということなんですよ。**退職すれば欠員が生じるので別の人を補充できるわけだから」

もう嫌気が差して退職。病気治療中の無職ということになった。

「退職金はちゃんと出ましたよ、30万円ぐらいだったかな」

雇用保険の失業手当も受給できるのだが、辞める前の2ヵ月は休職していたので給与収入はゼロ。それが響いて基本日額は4700円程度。

「その上、自己都合での退職なので失業手当が出るのは90日後からなんです。振り込まれた退職金と500円玉貯金で細々と生きていました」

体調や精神状態は少し良くなってきたが、まったく眠れない日があったり、人混みの中にいると無性にイライラすることもあったので更に2ヵ月間静養した。

「働かなきゃマズい、とりあえずアルバイトでもするかという気になったのは会社を辞めて半年経った頃ですね。完全に回復したわけじゃないけど、このままでは飢え死にすると思ったので」

オフィス専門の引っ越し業者が作業員募集の広告を出していたのを見つけ、面接に行ったらその場で採用してくれたそうだ。

「金曜日の夜から土曜日の朝、土曜日の夜から日曜日の朝までは完全な引っ越し作業。日給は1万円だった。平日の3日は事務所内のレイアウト変更に伴うオフィス家具などの移設作業で夜6時から10時までの4時間勤務です。こっちの時給は1200円だった」

このアルバイトで月収14万円は確保できた。身体を使う仕事なので疲れたが、それでよく眠れたので御の字だった。

「翌月からは失業手当が出るようになったのでこのアルバイトはすぐにやめました。だけど失業手当は1ヵ月間（28日）で13万円。東京の生活保護費と同じくらいでしょ。**本当はいけないのですが生活が成り立たないのでハローワークには内緒でアルバイトをやっていました**。アパート近くのクリーニング屋さんで洗濯物の受け渡しを」

夕方3時間だけで火木土の週3日。時給1000円だったがこのアルバイト代が月3万6000円。これで何とか生活していけた。

「次の職探しもボチボチ始めまして。自分ができることと言ったらコンピュータ関係だけ。ハローワークには求人が多数あったけど下請け、下請けの下請けみたいなところばかりでブラック度も高そうでしたね」

何社かは面接したが半年以上のブランクを問題視されて不採用。ハローワークの指導員からは営業職や販売職も勧められたが接客業は嫌だったし、自分には向いているとも思わなかった。

「どうしようかなあと迷っているところで、**間の悪いことに今度は足の骨にヒビを入れる怪我をしてしまいまして**」

雨の日にアパートの階段を小走りに上がろうとしたときに雨水で滑って転倒。左足のくるぶしにヒビが入る怪我を負ってしまった。

「ギプスで固められて松葉杖です。全治4～6週間という診断ではハローワークに通うのも就職情報会社が主催する企業説明会や合同面接会などに参加するのも無理。完治するまでアパートの自室で養生するしかありませんでした」

治療費は郵便局の簡易保険に入っていたので補償されたが失業手当は90日で終了。クリーニング屋さんのアルバイトも辞めざるを得なかったので収入が完全に途絶えた。

このピンチをしのぐために手を出したのが銀行カードローンだった。

「前の会社の給料を振り込んでいたのがY銀行でして。本当に少ないのですが20万円の定期預金もあった。だから貸してくれたんでしょうね」

限度額50万円で金利は14％。

「早い話、20万円の定期預金が担保ということだと思います」

消費者金融にはフリーターやパートの方も歓迎とか、初めての方は30日間利息ゼロというところもあったが、商店街の一角や駅ビルにある無人契約機の前に座るのは抵抗があった。

「消費者金融と格好つけてもサラ金でしょ。やっぱり危ない、怖いというイメージもあるし。サラ金より銀行の方が安心という思いもありましたね。所詮は同じ金貸しなんだけど」

借りたのは15万円を2回で合計30万円。生活費のためだ。

**「とうとう食い扶持まで借金かと落ち込みましたよ。何か堕ちるところまで堕ちたというか、惨めなものですよ」**

新しい仕事が見つかったのは18年の8月。多少のブラック加減は仕方ないと割り切って何とか採用してもらったのがWeb制作を請け負っている零細企業。

「水商売とか風俗関係のホームページやネット専用の広告を作っているところです。キャバクラ、フィリピンパブ、ガールズバー、パチンコ屋、居酒屋、派遣型風俗業の広告や求人案内を作っています。世の中にはいろいろな商売があると思う」

心配していたブラック度はそれほど高くはない。サービス残業は月20時間近くあるが土日、祝日は完全に休めるのでマシな方だと思う。

「給料は24万円、手取り20万円ぐらいですね。賞与ありとなっていたけど寸志程度らしいので想定年収は300万円に届くか微妙なところだけど贅沢を言っている場合ではありません。とにかく働いて稼いで借金を返さないと」

40歳になるまで奨学金の返済に追われるのは辛いので収入が増えれば2、3ヵ月分でも繰り上げて返済するつもりだが、ちゃんと完済できるだろうかという不安もある。

「借りるときは返済のことまでよく考えていなかった。月1万8000円なら余裕で返せるとたかをくくっていたけどこんなに重たいとはね」

毎月1万8000円を貯金して20年で432万円積み立てるのと、432万円の借金を毎月1万8000円ずつ20年かけて返すのはまったく別の話。自分はこんなに借金を抱えているという精神的な負荷が大きい。

**「今になって強く思うのは無理して東京の私大に入る必要はなかったんじゃないのかということです。**学力的には地元か隣接する地域の国公立大学は合格圏でしたしね」

東京の有名私大を卒業すれば将来の選択肢は選り取り見取りと思っていたが、実際はそれほどでもなかった。地元の国公立大学に入学していれば入学金を含めた4年間の学費は150万円近く安上がりだった。実家から通学していれば生活費も不要だった。

「地方でもアルバイトのあてはいくつかあったから奨学金は必要なかったと思う。そしたらこんなに苦しまずに済んだと思います」

2歳下の弟は地元の国立大学を卒業して地元の企業に就職。来年初めに結婚するという報告があったが、野坂さんは結婚なんて考えられる状況ではない。正直なところ失敗したと思っている。

４年間借金して何を学んだのか、何をしてきたのか。ただ、苦しんだだけではないかと考えると落ち込む。

# オタクとアイドルと借金と

大辻則雄（29歳）

NO.08

出身地／神奈川県　現住所／東京都狛江市
職業／会社員　収入／月収26万円　家賃／５万２０００円
主な借金／銀行カードローン２社１５０万円、
　クレジットカードキャッシング３社60万円リボ払い40万円、合計２５０万円
借金の残高／約60万円
月々の返済額／３万円

「借金の総額ですか？　全部合わせると２５０万円まで借りちゃいましたね。今はもう新たな借金はなく、ひたすら返済していますけど」

訥々《とつとつ》と話す大辻さんが多額の債務を背負ったのはアイドルにハマったから。

**「握手会や写真撮影会に参加するため、ＣＤやイメージＤＶＤを買うため、コンサートに行くためなどに借りた借金が積もり積もって２５０万円まで大きくなってしまいました。**本当に何をやっていたんだと自己嫌悪に陥ります」

大辻さんは２０１１年に大学を卒業してドラッグストアに就職。登録販売者の資格も取り、都

内の大型店舗で接客、商品管理などの仕事に従事していた。

「今もそうなんですが、特に仕事が好きだとか仕事に燃えているということはないんです。言われたこと、やらなければならないことは淡々とこなす。こんな感じですね」

人付き合いは得意ではなく、人との関わりも薄い。仕事が終わってアパートに帰るとゲームをやったりパソコンでネットサーフィンをしたりするぐらい。友人と飲みに行くとか、何か趣味があってそれを楽しむということもなかった。そんな単調な生活にアイドルはスーッと入ってきた。

「夜中にトイレに行った後、寝付けなくなってテレビを点けたんです。そしたらＡＫＢの子たちが出ている深夜バラエティーをやっていて。昔からそういうものに興味はなかったのですがＡという子を見たら何かドキドキしちゃって」

まだその他大勢扱いだから有名ではないが清楚な感じ。受け答えがトンチンカンなところも初々しさがあってすっかり気に入ってしまった。これで借金生活へのスタートラインに立ってしまった。

**「２週間後には秋葉原に行っていましたね」**

目的はＤＶＤを買うため。だがＤＶＤは真の目的ではなかった、特典としてＤＶＤに付いてくる整理券が欲しかったからだ。

アイドルグループがイメージＤＶＤや写真集を発売すると、それを記念してイベントが開かれる。内容はそれぞれ異なるがトークショー、写真撮影、握手会、サイン会など。ミニライブが行われる場合もある。

「こういうイベントに参加するには発売記念の該当商品を買い、特典として付いてくる整理券を手に入れなければならないんです」

大辻さんのお気に入りの子はＤＶＤ本編ではメインメンバーの後ろでダンスを披露する程度。映っているのもほんの数十秒だが、好きな子がキラキラしている姿をどうしても観たかった。

「**好きなアイドルと生で会える。肉声を聴ける。握手できるというのは何物にも代え難い至福の時間だった**」

ただし、これはお金を出した人だけに与えられるもの。お金を出した分だけ触れ合えるということに気付いていなかった。ステージから「これからも応援してください」と微笑まれ視線が合ったらもうイチコロ。次々に発売されるＤＶＤや写真集、キャラクター商品などを買うためにどんどんお金が出ていくようになった。

「給料はあまり良くなくてね。それでも少しばかりの貯金はあったのですが、休みの日は連続で劇場通いしたりコンサートに行ったりしたので1年ちょっとでほぼなくなってしまいましたね」

それでもアイドル熱は冷めることがなかった。現実の生活で関わる女性は自分の母親か姉、さもなくば勤務先の女性社員やパートさん。どれも理想の女性ではない。ところがアイドルは容姿や話し方などが自分の好みに近い。そのうえいつもニコニコしていて可愛くて優しい。

「握手会で優しく声を掛けられたり、可愛いパフォーマンスを見せてくれたりすると普通の女性には興味がなくなります」

アイドル熱は益々上がり、各地で開催されるイベントやコンサートにもお金を注ぎ込むようになっていく。

「1ヵ月の間に広島、仙台、福岡で開催されるライブに通ったりしましたね」

往復の交通費、滞在費、チケット代、限定グッズ代などを含めると1ヵ月で使ったお金は15万円以上だった。

「給料は手取りで22万円ぐらいでした。家賃とその他の固定費が8万円。自炊なんてしないので食費に6万円は使っていた。残りは8万円あるかないかだったので借りちゃったんです」

新幹線や飛行機のチケット代、ホテル代はクレジットカードで支払ったが、銀行口座の残高はそれ以下。月末に決済できないから銀行でローン用のカードを作ることにした。

**「30分もしないで専用のカードが出てきて。限度額は100万円でした」**

このお金は借りたものなのだが、銀行にある専用機にカードを入れると現金が出てくる。だから自分のお金のように錯覚してしまった。

**「総選挙の投票券が付いたCDも爆買いしました」**

自分の推しの子の順位が少しでも上に行けるようにと投票券が付いたCDを400枚も大量購入。これだけで65万円も散財した。

**「投票券はネットでも売買されていまして。1枚700円で100枚買いました」**

100万円借りても何だかんだで90万円近い出費。このときの借金は毎月払いと冬のボーナスで40万円ほど返し、借金は60万円を切ったが、翌年も投票券付きのCDを大量購入するため新規の借入れをしてしまい、借金はまた100万円に戻ってしまった。

そこまで熱中したのは、自分が育てたという気持ちになれたから。

「歌もダンスも、もうひとつだったのがキレッキレになって、可愛い子から綺麗な人になっていく。そういう成長を間近で見られるのが喜びでした」

TVで生中継される順位発表で前年より1ランクでも上になったら「よし、やった！」と小躍りした。

**「総選挙では得票数も発表されるんです。で、すぐ下の子との得票数が300票ぐらいの僅差だったら、俺が500票入れたから上に行けたんだと満足するんです。逆にひとつ上の子との差もわずかだったら、もうちょっと頑張っていたらなあとなる」**

他にやりたいこと、面白いと思えることがないからアイドルだけが楽しみ。足繁くイベント会場や握手会に通っていると同好の人たちと親しくなったり会話するようになる。これも楽しいことだった。

「普段は店長や同僚と挨拶する程度、仕事に関する話しかしません。仕事に行って帰ってテレビを観る。あとは寝るだけ。だから共通の話題で盛り上がれるファン同士の交流も楽しかった」

世間一般の人はオタク的な人や、いい歳をしてアイドルに夢中になっている人に対して冷ややかだが、ファンはファンに優しい。

親しくなったファン仲間に連れられて別のマイナーアイドルのミニライブに行ったり、メイド喫茶に通うようになると更に出費が増えていくようになる。

「テレビに出ているメジャーアイドルはやっぱり高嶺の花。だけどまだアイドル修行中の子は距離感が近い。これがいいんです」

有名ではないので握手会の参加者は少ない。写真撮影会ではツーショットの撮影もＯＫ。腕を組んでくれる子もいた。親しくなったファン仲間はマネージャーとも顔見知りらしく、ある日の公演終了後、楽屋に連れていってくれた。

「グループのリーダーの子に、こちら僕の友だちの大辻君。これからもちょくちょく来るので覚えておいてあげてねって紹介してもらいまして。もう心臓はバクバクだった」

握手した右手を「頑張るのでこれからも応援してくださいね」と両手で包まれたときは昇天しそうだった。

「どうしたらそんなに親しくなれるのかと彼に尋ねたら、とにかく通い詰めて顔と名前を覚えてもらうこと、そして最初はプレゼント攻勢だと教えられました。彼は7人いるメンバー全員に誕生日プレゼントを贈ったと言っていた。ライブの後のフリートークで何気なく話している内容に親しくなれるチャンスがあるんだと力説していました」

お財布が壊れちゃったので間に合わせで100円ショップで買ったものを使っていると話していたら、ちょっといいブランド物の財布をプレゼントする。腕時計の電池が消耗したみたいで液晶の表示が薄くなっていると言ったらソーラータイプのものをプレゼントする。女性へのプレゼントといえば母の日にカーネーションを贈ったぐらいしかない大辻さんにはとても参考になった。

**「最初のプレゼントはメンバーの中で2番目に好きだった子へのお誕生日プレゼントです。見栄もあったので7万円もするイヤリングを買ってしまった」**

このときに利用したのがリボ払い。キャッシングしたわけではないが後で代金と手数料を払わなければならないので借金と同じだ。

「このプレゼントはとても喜んでもらえました。次に公演に行ったときはそのイヤリングを付けて出演してくれたので自分も満足だった」

この他にプレゼントしたのはアクセサリー類、ブランド物の服、家電品、化粧品など。

「トークショーで飼い猫の餌代が大変なのって話していたら、キャットフードを1ケース持っていったこともありました」

プレゼント攻勢の効果は大きく、メンバー全員から顔と名前を覚えてもらえたし、感謝イベントのときはステージに上げてもらったこともある。

「ＣＤやＤＶＤも大量買いしちゃいましたね。彼女たちはほぼ自主製作でＣＤや写真集を出しているんです。**今度出したＣＤがこれだけ売れなかったら解散なんて言われると、自分が助けてあげなくてはと思っちゃうんです**」

ＣＤは１タイトルにつき50枚も購入。税込みで１枚１６００円なので８万円。３タイトル買ったら24万円。イメージＤＶＤも10万円分以上買い上げたら合計するとざっと35万円の出費。

「プレゼント用の買い物はすべてリボ払いでした。全部で40万円ぐらいになったかな」

ＣＤやＤＶＤも給料だけでは買えないから別の銀行でローン用のカードを作り、50万円借金して工面。それでも危機感はなかった。

「好きなアイドルが元気だと自分も元気になれるような気がしましてね。**キラキラしている姿を見ると仕事のストレスとか職場の人間関係の煩わしさとか、嫌な現実を忘れられた**」

アイドルが歌うハッピーな曲を聴き、挑戦する姿を見ていると自分の不安や孤独感も一時だが消える。だから夢中になれた。

こうやっておよそ3年間をアイドル命、アイドルが生活の中心で過ごしてきたが４年目になる頃から少しずつ違和感が出てきた。

「ＡＫＢのトップチームにいた子でも卒業したらあまり活躍している姿を見なくなる。大人が敷いたレールから外れたら駄目なのかなと思いました」

アイドルをやりながらしっかり大学にも通い、アイドルを卒業したらテレビ局にアナウンサーとして就職したという子もいた。

「何だ、そりゃって感じですよね。**アイドル活動は自分が成り上がっていくための手段だったのかと思うと虚しかった。応援した自分は何だったのかと思った**」

親しくなったファン仲間も時間と共に変わっていった。

「彼女ができた、アイドルはもう卒業。転職した新しい仕事がそれなりに面白い、アイドルに時間を割く余裕がなくなった。推しメンが卒業したので自分も卒業する。何だか飽きちゃった。こんな感じで他界していきましたよ」

応援していたマイナーのアイドルグループもメンバーの入れ替えがあり、前より夢中になれなくなった。

「創成期からの子も、一般社会に戻って普通の女性として過ごすことにしましたって引退しちゃったんです。これで自分の熱も一気に引いた」

２０１８年のＡＫＢ総選挙で指原莉乃が３連覇を達成したのを見届け、アイドル応援に一区切りつけたということだ。

「**熱が冷めると今までやってきたことが急にくだらないことに思えちゃって。**握手会は握手券を買わなければならないんですが1枚1600円もした。ほんの数秒のために1600円は高いな。日高屋に行ったらラーメンが4杯食べられるじゃないかって、急に現実的なことばかり頭に浮かんできましたね」

大量に購入したCDの処分にも困った。

「リサイクルショップや中古品買取り店に持ち込んだのですが、元値の20分の1にしかならなかった。1550円のものが80円だもの。持っていく時間と労力と交通費を考えたら捨てた方がいいでしょ。**燃えないゴミの日にアパート周辺の複数の集積所に20枚ずつ置いてきましたけど、全部なくなるまで1ヵ月もかかった**」

コンサート会場限定販売のグッズ類もすべて売り払ったが、これも買ったときの10分の1から良くて5分の1ぐらいでしか売れなかった。

「マイナーアイドルの写真集やDVDはレア物なので少しは高く売れるかと期待していたのですが、査定はたったの250円でしたね。CDなんて50円だもの、嫌になったよ」

何度も買い取り業者のところへ持っていくのが面倒になり、出勤するときにアパート前の歩道に「ご自由にお持ちください」と張り紙をして段ボール箱に入れておいたが、帰宅したとき誰かが持っていったのはほんの数枚、ほとんどが手付かずで残っていた。「何だよ、お前ら。全然駄目じゃん」と怒りが込み上げてきた。

**「借金も相当な金額になっていました」**

大辻さんが作った借金は銀行カードローンが2つで150万円、クレジットカードのキャッシングが3つで60万円、リボ払いの残りが40万円弱。合計するとほぼ250万円。貯金もあらかた失っていた。

「今も250万円の借金を背負っているわけではありません。借りても夏冬のボーナスをほとんど返済に充てていたし、キャッシングしたのも少額だけどきちんと返してたので」

借りたお金を合計すると250万円近くになるが、アイドル応援を止めた2018年7月時点で抱えていた借金は約100万円。

「その後の半年で40万円ぐらい返済したから、今も残っているのは60万円ぐらいです。利息が付くからまだ70万円近くを返さなきゃなりません。返せない額じゃないからきちんと返しますけどね」

今でもアイドル好きは変わらないが、パソコンの動画でMVを観るぐらい。それも同じグループを5、6回観たらもういいという程度だ。バラエティー番組で昔はそこそこ売れていたけど消えかかっているアイドルが、まだやれます、もうひと花咲かせたいと身体を張った企画で半ベソをかいている姿を観ると「痛いなあ」「そろそろ30歳でしょ、もう落ち着きなさいよ」と思うこともある。

「アイドルっていうのはレコード会社や音楽プロデューサー、イベント会社などがマーケティングして作った商品なんでしょ。彼女たちも操り人形というか、お金儲けの道具なんだと思う」

それに夢中になり、多額のお金を吸い取られたわけだから、うまいことされてしまったと思う。

「**趣味への金の使い過ぎにはくれぐれも気を付けた方がいい。お金を借りる安易さを覚えたら本当にヤバイよ。**自分はヤミ金にまで手を出すはめにはならず、新聞やテレビで報道されるような目に遭わなかったのは幸い。そう思うようにしているんです」

とはいえ、まだ60万円も返し続けるのは辛いものがある。借金なんてしなかったらもっと有効なお金の使い道があったはず。「自分の馬鹿！」と反省する。

◎苦学生にとっての重荷

# 奨学金の仕組みと返済額

奨学金は大きく分けると公的なものと民間のものに分類される。公的な奨学金は地方自治体が行っている奨学金と国の奨学金があり、最大のものが文部科学省所管の独立行政法人である日本学生支援機構。国の奨学金事業や留学生支援などを行っている。現在、日本のすべての奨学金予算の90％を占めており、最も多くの人が利用している奨学金だ。

日本学生支援機構の前身は日本育英会だが２００４年に廃止され、日本学生支援機構に事業が引き継がれた。

日本学生支援機構の奨学金は一部の人を対象にした給付型を除き、すべて貸与型で返済の義務があり、返済に際しては利子不要の無利子と利子が付く有利子のものがある。

どのくらいの金額を貸与してもらえるのかというと、概要は左表の通り。

この他に医学部、歯学部、薬学部などに進学した人のために月々の金額を増額できる制度があり、医学部、歯学部で月額４万円、薬学部、獣医学部は２万円となっている。

増額分に掛かる利率は毎月支給される奨学金の利率に０・２％を加算したものと定められている。

## ◆卒業後の返済期間と返済額

奨学金を受けて学校を卒業すると7ヵ月目から返済を開始することになる。第2種奨学金には利子が加算されるが、その利率は一般のローンと比べるとかなり低く設定されており、上限は3・0％と制限されている。社会情勢の変化で諸々の金利が上昇してもこの上限金利を超えることはない。これが銀行ローンなどと奨学金との大きく違うところだ。

奨学金の利率はその時々の市中金利を基に決定されるのだが、2019年3月時点の利率は利率固定方式で0・14％、利率見直し方式は0・01％で、上限利率である3・0％よりはるかに低いものになっている。さらに一般のローンとは異なり、奨学金は在学中は利子が発生しない。

ただし、無利子でも有利子でも貸与されたものは返さなければならないわけだから借金と同じようなもの。後々に返済することを考慮すれば借り過ぎは危険。適正な額を借りることが大事だ。

| | | | 国公立 | | 私立 | |
|---|---|---|---|---|---|---|
| | | | 自宅生 | 自宅外生 | 自宅生 | 自宅外生 |
| **第1種（無利子）** | 最高月額 | 大学 | 45,000円 | 51,000円 | 54,000円 | 64,000円 |
| | | 短大・専門学校 | 45,000円 | 51,000円 | 53,000円 | 60,000円 |
| **第2種（有利子）** | 貸与月額 | 進路に係わらず2万円、3万円、4万円、5万円、6万円、7万円、8万円、9万円、10万円、11万円、12万円から選択 | | | | |
| **入学時特別増額貸与奨学金** | 貸与金額 | 進路に係わらず10万円、20万円、30万円、40万円、50万円から選択 | | | | |

### ◆奨学金を返せる人、返せない人

奨学金の返済が辛いという人の話はよく聞くし、新聞やテレビでも取り上げられることが多くなっている。

非正規雇用の増加やブラック企業の跋扈《ばっこ》で安定雇用、安定収入が得られないなどの背景があるようだが、その一方で返済格差があるのも事実。

２０１７年４月に公開された大学別奨学金延滞率を見ると、返せる大学と返すのが苦しい大学が存在していた。

大学の平均延滞率は１・３％だが、延滞率ワースト上位に並ぶ大学の場合は５％を超えている。それに対して、延滞率の低い大学では０・５％にもならないこともあるのだ

| 延滞率の高い主な大学 | 延滞率（%） | 過去５年間の貸与終了者数（人） | 延滞３ヵ月以上の学生数（人） |
|---|---|---|---|
| 至誠館大学 | 9.93 | 151 | 15 |
| 鈴鹿大学 | 7.32 | 205 | 15 |
| 東大阪大学 | 7.28 | 261 | 19 |
| 沖縄大学 | 6.66 | 1,651 | 110 |
| 芦屋大学 | 6.45 | 310 | 20 |
| 日本経済大学 | 5.52 | 1,378 | 76 |
| サイバー大学 | 5.41 | 74 | 4 |
| 太成学院大学 | 4.85 | 1,134 | 55 |
| 愛知文教大学 | 4.84 | 62 | 3 |
| 四日市大学 | 4.83 | 352 | 17 |
| プール学院大学 | 4.69 | 405 | 19 |
| 星槎大学 | 4.62 | 65 | 3 |
| 札幌国際大学 | 4.57 | 1,051 | 48 |
| 武蔵野学院大学 | 4.55 | 198 | 9 |
| 九州情報大学 | 4.53 | 246 | 11 |

（※日本学生支援機構「学校毎の貸与及び返還に関する情報」より）。

延滞率は、過去5年間の貸与終了者に占める、２０１５年度末時点で３ヵ月以上延滞している学生の比率のこと。

延滞率の高い大学は地方の小規模、新設の私立大学。都市部と比較して卒業後に就職しても給与水準が低いことが影響していると考えられる。

延滞率の低い大学は世間的に難関校、名門校、伝統校と評価されており、就職に際しても企業がターゲット校にしているところばかり。卒業生の多くは給与水準の高い企業に就職できるので返済にもそれほど苦しまないで済むということなのだろう。

| 上位大学 | 延滞率（%） | 過去５年間の貸与終了者数（人） | 延滞３ヵ月以上の学生数（人） |
|---|---|---|---|
| 名古屋大学 | 0.24 | 3,801 | 9 |
| 東北大学 | 0.38 | 5,800 | 22 |
| 九州大学 | 0.40 | 7,928 | 32 |
| 東京大学 | 0.41 | 4,105 | 17 |
| 北海道大学 | 0.42 | 5,499 | 23 |
| 京都大学 | 0.43 | 5,393 | 23 |
| お茶の水女子大学 | 0.44 | 901 | 4 |
| 大阪大学 | 0.49 | 7,393 | 36 |
| 東京工業大学 | 0.53 | 1,692 | 9 |
| 筑波大学 | 0.59 | 5,284 | 31 |
| 学習院大学 | 0.65 | 2,320 | 15 |
| 慶応大学 | 0.67 | 7,760 | 52 |
| 立教大学 | 0.73 | 5,638 | 41 |
| 東京理科大学 | 0,76 | 7,623 | 58 |
| 中央大学 | 0.81 | 10,249 | 83 |

### ◆延滞したらどうなるか

貸与型の奨学金は契約通りに返すのが当然の義務と責任だが、事情によっては返すのが困難になることもある。こうなったときにしらばっくれているのが一番良くない。

奨学金を申請するときに「個人信用情報の取扱いに関する同意書」の提出が必須になっているが、これは、申込者の個人情報が金融機関などが加盟する個人信用情報機関に提供されることを了解するという意味。

奨学金の返済を怠ると滞納3ヵ月までは本人、連帯保証人、保証人に対して文書や電話で返済の督促を行う。この段階で返済すれば良いのだが、返済しないと個人信用情報機関に個人情報や滞納履歴などが登録されることになる。いわゆるブラックリストに登録され、クレジットカードや金融機関の審査に影響が出ることになる。

更に、滞納4ヵ月目からは、機構からサービサーと呼ばれる民間の債権回収会社に債権回収業務が委託され、引き続き督促されることになる。それでもなお滞納が続くと、9ヵ月目には裁判所に支払督促の申し立てがなされ、給料の差し押さえなど法的措置の手続きが取られることになる。

機構が法的処理を積極化した結果、現在は年8000件以上の支払督促申し立てが行われており、差し押さえを意味する強制執行が年に約500件も行われている。

こういう事態を招かないために返済が苦しくなったら2種類の返済猶予制度を利用するしかない。ひとつは返還期限猶予で返済を1年待ってもらうこと。1年ごとに申請することで最長10年まで延長が可能になる。もうひとつは減額返還。月々の返済額を2分の1、または3分の1に減額し、その倍の期間で返済するというもの。これも1年ごとの申請で最長15年まで延長が可能になる。猶予が認められると延滞金も返還機関延長分の利息も免除されるので、払えなくなる前に申請するべきだ。

奨学金を借りるときに人的保証として連帯保証人と保証人を立てるが、これだと本人が返せなくなった場合、連帯保証人↓保証人の順に返済責任を負うことになる。それに対して機関保証を選択すれば連帯保証人や保証人を立てる必要がなく、奨学金を受けた当人が返せなくなって自己破産したとしても親、兄弟姉妹やおじ、おばなどの親族に迷惑や損害を及ぼすことはない。保証人に迷惑かけたくないというなら機関保証を選択するのもありだ。

ただし、機関保証には保証料が必要で、貸与月額5万円なら月額保証料は約2100円、4年間だと10万円ほど。貸与月額10万円の場合は月額保証料は5400円で、4年間だと26万円近くになるが、親戚付き合いが薄れている最近では機関保証を選択する人が多いらしい（保証料は月々の奨学金から天引き）。

また、現在50歳以上の人は、公務員になったら奨学金は返さなくていいはずだと思っているかもしれないが、これは間違い。確かに以前は、教員や研究者になると奨学金返済が免除になるという返還特別免除という制度があったが、現在は廃止されており教員になったとしても奨学金が免除されることはない。

現在では「特に優れた業績による返還免除」として、大学院で第1種奨学金を利用した場合のみ全額、または一部の返還が免除される場合があるだけで、その対象になるのはごくごく一部のとびきり優秀な人だけ。ほとんどの人は何年かかっても返さなければならないのだ。

【第４章】

# 一度借りたら止まらない

# 隠れ貧困女子の借金事情

NO.09

斉藤玲子（26歳）

出身地／岡山県　現住所／東京都品川区
職業／会社員　収入／月収26万円、年収４００万円　家賃／8万円
主な借金／第２種奨学金１４４万円（返済総額１６２万円）　銀行カードローン80万円
リボ払い／60万円　エステローン30万円（既に完済）
借金の残高／奨学金94万５０００円　銀行カードローン70万円　リボ払い50万円
月々の返済額／奨学金１万３５００円、銀行カードローン２社で3万６０００円、リボ払い２社で1万５５００円

「**わたし、金利とか返済方式とかよく分からなかったんです。**クレジットにしろリボ払いにしろ、そういうシステムがあるなら利用しなくちゃ損だみたいに考えていて。自分の周りにいる人たちだってクレジットカードで買い物したり、ローンを組んで車を買っていた。だから借りるのは悪いことじゃないと思っていました」

借金という意味が理解できていなかった。我慢したり貯金したりする気もなかったという斉藤さん。現在の借入れ残高は２１０万円超。毎月の返済額は６万５０００円ほど、賞与も大半を返

済に回しているのでいつも金欠状態だ。

斉藤さんが初めて借金したのは就職活動をしていた大学3年生の夏。

**「就職フェアの帰りにエステに誘われたんです」**

斉藤さんはやや太り気味の体型でおでこと頬にあるニキビ痕が気になっていた。

人間は第一印象で勝負が決まる。実力が同等なら男前や美人を優先するのが会社。見た目の良い人間の方が収入や地位が高くなる。こんなことを言われて心が揺れた。

「1回限りの無料体験クーポンをもらい、お試しのつもりで3日後にお店へ行ってみたんです」

そこで顔の毛穴、皮脂の状態をチェックしてもらい、洗顔のやり方、化粧品の選び方などを教えてもらった。

「サービスでフェイシャルマッサージもやってもらったのですが、やる前と後では自分で見ても顔の印象が違っていました。小顔になっていたし、少しタレ目だったのがキリっとした感じになっていました。やっぱりプロのエステティシャンは凄いと感心しました」

そうはいってもお金がない。するとマネージャーと呼ばれていた男から「ご心配には及びません。提携ローンを組んでみてはどうですか？」という強い押しがあった。

毎年、就活シーズンは就職応援キャンペーンを実施している。この店の優待枠はあと3人だけ。うちで自分磨きした人は男女を問わず大手企業に採用された。○○テレビの△△アナウンサーもうちに通っていたと畳みかけてくる。

「大学の友だちには既に内々定をもらっている人も結構いました。ところがわたしは2次選考で落とされてばかりだったから焦りがあったんです。**就職のためにプチ整形するなんていう話も聞いたことがあるので**」

費用を尋ねたら通常36万円のところ、キャンペーン期間は6万円オフの30万円。やらなければ損だと思ってしまった。

「提携ローンは最長24回の分割も可能だと言うんです。それなら払えると思いました」

利息は年利15％で元利均等返済。

「**2年なら月の返済額は1万4500円程度、1日500円足らずで自分に自信を持てるならお得ですよとダメ押しされ、申込書にサインしちゃいました**」

こうしてエステ通いをするようになると担当するエステティシャンと親しくなり、髪に艶とコシが出るというシステイン配合のシャンプーとリンス、肌の潤いを保つ化粧品など約3万円を購入。勧められると断れない性格が災いした。

「脂肪の揉み出しでウエストが5センチ細くなったし、ニキビの痕も気にならなくなった。乾燥肌だったけどそれも改善されたから良かったのですが、化粧品は余分だったかな」

3ヵ月間の施術が終わった翌月からローン返済が始まったが、1ヵ月の支払額は1万4547

円。だけど2年24回だと返済総額は35万円近くになる。

「30万円しか借りていないのに35万円も返すのは高いなって思ったけど、自分で計算してみたら間違いなかった」

5万円も利息を払うのか、借金すると大変なんだなと思えば良かったが、斉藤さんは大学を卒業して社会人になった途端、また多額の借金をしてしまう。

就職先は渋谷にある情報通信系で職場の人たちはみんなお洒落。イトーヨーカドーやユニクロで買った服では見劣りする。

「服にしろ靴にしろ、いいものを見てしまうとどうしても欲しくなっちゃって。スーツやジャケットはアンタイトルとかイネドなどのブランド品を買ってしまいました」

値段は1着4万円前後。カジュアルな服でもロイヤルパーティー、マーキュリーデュオといった人気ブランドのブラウスやパンツは6000〜8000円、ワンピースなら1万5000円はする。こういったブランド品が欲しくなると財布の中身と相談することができなかった。

「自由に使えるお金には限度があるでしょ、でも欲しいとなるとリボ払いで買ってしまう。**後々いくら払わなければならないか考えなかった**」

最初に作ったカードは2ヵ月で限度額一杯になり、別のカードを作ってまた買い物。月々の支払額を小さく見せるにはリボ払いは好都合だった。

3つ目の借金は銀行のカードローン。きっかけは引っ越しだった。

「大学進学のために上京してきてからずっと足立区のアパートにいたのですが、別の階の人が空き巣に入られて。わたしも鍵をかけた自転車を盗まれたこともあったんです。北千住の夜は酔っ払いとヤンキーばかりですから」

スーパーやディスカウント店は何軒もあるので生活するには便利だが、最寄り駅近くはパチンコ店、ラブホテル、テレクラ、フィリピンパブなどが密集していて夜間一人歩きするのは怖かった。勤務地の渋谷までも時間がかかるし電車も混んでいるのが嫌だった。

「家賃相場が安いのは魅力だったけど、もう就職してある程度の収入が見込めるので引っ越そうと思いました」

渋谷までの通勤時間は40分前後、環境が良くて静かなところ。こういうところに転居したいと思っていた。会社の人たちに相談したら井の頭線、東急線沿線を勧められ、何ヵ所か見て回って決めたのが東急線が通る品川区のマンションだった。

「築浅で陽当たりもいい。駅まで徒歩5分ぐらいで環境のいいところだったから決めちゃいました。家賃はそれまでの6万円から8万円に上がったけど、通勤時間は半分、往復で1時間以上も短縮できるから自由な時間が増えるでしょ。安くはないけど高いとも思わなかった」

転居に必要だった金額は敷金1ヵ月、仲介手数料1ヵ月、前家賃1ヵ月、2年分の火災保険料、他に家賃保証会社に支払う保証料など合計して約28万円。これに運送会社への支払いもあったから33万円ほど必要だった。まだエステのローンは返済中、奨学金も返しているので貯金は微々たるもの。転居費用を銀行のカードローンで調達した。

「お給料はR銀行に振り込みなのですが、時々、カードローンの案内が送られて来ていたんです。銀行なら安心だと思って申し込んだら審査を通ったの」

限度額は100万円で金利は14％。収入証明は不要で1時間もしないでローン用のカードが作れた。こんなに簡単だとは思わなかった。

**「古い家具と家電品も買い替えたかったので引っ越し費用と合わせて限度額の半分の50万円を引き出しました」**

この時点での借金総額はエステローンが約10万円、リボ払いの残金が2つで40万円、これに50万円上乗せだからとうとう100万円の大台を突破した。こうなると流石に返済が大変になってくる。

当時の斉藤さんの手取り給料は約21万円。ここからまず家賃と管理費で8万2000円が出ていく。水道光熱費と通信代（固定電話代も含む）が2万円前後なので残るのは10万8000円。

ここから奨学金の返還が1万3500円、エステのローンが1万4500円、リボ払いが2つで1万4000円、銀行カードローンの返済も2万円。借金の返済が6万2000円近くなので手元に残るのは4万6000円ほど。これでは1ヵ月を乗り切るのはほぼ不可能だ。

「お昼は社食で500円で済ませますが1ヵ月だと1万円でしょ。そうすると3万円しか残りません」

どうやってしのぐのかというと賞与での補填しかない。斉藤さんがもらっていた賞与の手取りは半期で25万円。5万円だけは手をつけずに、20万円を6ヵ月に分割して月々の生活費の足しにした。

頑張って半年間でエステローンを完済。他の借入れも少し減って借金の総額は60万円まで減らせたが、銀行ローンで30万円の追加融資を受けることになってしまった。理由は歯の治療費だった。

「わたし、大学時代はソフトボールをやっていたのですが、ゴロがイレギュラーバウンドして口元を直撃したせいで上の前歯が2本割れちゃったんです。そのときは保険で差し歯を作ったのですが年末にグラグラしてきちゃいまして」

かかりつけの歯科医院へ行ったら作り替えないと駄目、前歯は目立つから質の良いものにした方がいいと言われた。

「保険外の自費だとどれくらい必要なのか聞いたら1本12万円ということでした」

これに土台の修繕と消費税を加えたら2本でほぼ28万円。

「先生にはメンテナンスをしっかりやれば10年は持つと言われました」

30万円払っても10年使えれば1年分は3万円。1日にしたら80円ちょっと。こう考えたら高いとは思わず即決した。

「自費でお願いしますとなったら急に扱いが良くなりましたね。他の患者さんは○○さんと呼ばれていたけど、わたしは斉藤様って言われていました」

これがまた気分を良くさせてくれる。

「少しだけど歯軋《はぎし》りの癖があるので型を取ってオリジナルのマウスピースも作ってもらいました。これは保険適用だったけど、**1ヵ月の歯医者通いできっちり30万円使っちゃいました**」

これで気が緩んでしまったのか、またリボ払いで買い物するようになる。

「わたし、太りやすい体質なんです。運動もやっていたから固太りで。就職する前にダイエットしたりエステに通って少しスリムになったけど去年の秋頃から体重が増えてきて、**痩せるためにダイエット食品を買ったり、見た目が良くなるよう補正下着を買ったりしました**」

この代金が約10万円。太ったせいで服も合わなくなったからジャケット、カットソー、パンツも買い替えてもう10万円。これが全部リボ払いで一挙に借入れが20万円増えてしまった。

「**返さなきゃいけないものは全部で120万円近くになってしまって。**返済に苦しんでいます」

現在の支払額は以前より増えて月6万5000円。4年目になったので給料はいくらかは上がったが、社会保険料の本人負担分も上がっているので手取りはそれほど増えていない。だから生活は相変わらずギリギリだ。

「飲み会も、奢ってくれそうな先輩や上司のお誘いを優先しています」

年齢の近しい人たちと行くのは和民や鳥貴族などの安い店。1回1500円が上限と決めている。

会社にはブランド物の服や、安目でも新品のものを着ていくが部屋着はディスカウント店の難あり品。靴下は100円ショップで買ったもの。パジャマとして使っているジャージの上下は古着屋で見つけた1200円のもの。上着の背中部分には○○大学陸上部とプリントされている。

「外食なんて滅多にしませんよ、ほとんど自炊です」

太りたくないのでカロリーの低いものを選んでおり、アジやサンマの干物、納豆、鶏のムネ肉、もやし、大豆製品をよく買うが、ほとんどが賞味期限間近の半額見切り品。1食当たりの食材費は150円程度だ。

こういうところは節約できるのだから経済観念がまったくないというわけではない。それなのに借金があって、少し減らせてもまた借りてしまう。

「わたし、あまり自分に自信がないんです。誰もが認めるような美形じゃないし、スタイルも良くないから」

だからなのか、人に良く見られたいという願望がある。人気女優やモデルが勧める服やバッグなどを手に入れると気持ちが高揚してくる。高級感のあるものを手に入れると快感もある。

「多分ですが、買い物をすることで自己肯定しているのだと思います」

内心ではリボ払いやローンを使い過ぎると危険だということは分かっている。だから残金が100万円を超えると用心してせっせと返済に励むが、70万円を切ると我慢ができなくなってしまう。

「**これくらいまでなら大丈夫。半年間我慢した自分へのご褒美なんて思っちゃうの**。特に会員限定とかセール期間で大幅値引きされていると利息や手数料を払っても正規価格で買うより安くなる。それなら損じゃないって錯覚しちゃうのね」

今年初めから借金の返済に四苦八苦しているので、ゴールデンウィークの10連休は日払いのアルバイトでもやろうかと真剣に思っている。年齢の近い同僚たちからセブ島旅行に誘われたが、そんな余裕はない。岡山県の実家に帰省するにしても新幹線代が往復3万円も必要になる。それなら7、8日働いて収入を得た方が得策だと思っている。

「亡くなったお祖父《じぃ》ちゃんが身の丈に合った生活、借金より貯金と言っていましたが、そのことが身に沁みますね。**自分にどれだけの借金があるのか、それぞれの利息がいくらなのかを紙に書き出してみて青くなりました**」

早く借金を返して帰省費用を捻出し、お祖父ちゃんの仏壇に手を合わせなければならないと思っている。

NO.10

# ストレス逃避で雪だるま

本山栄司（34歳）

出身地／埼玉県　現住所／神奈川県川崎市
職業／会社員　収入／月収23万円、年収320万円　家賃／5万5000円
主な借金／消費者金融4社110万円、銀行カードローン2社180万円、リボ払い20万円、延滞利息など合計で320万円
借金の残高／個人再生後117万円、現在は55万円
月々の返済額／3万2500円

「もう自分の力では返すことができないくらいの借金を抱えてしまいまして。個人再生を申し立て借金は117万円まで減額されたので今はそれを必死に返しています。でも、**なんでこんなことになったのか……。本当にみっともないことだと思います**」

中堅の食品雑貨スーパーで働いていた本山さんが借金苦に陥った原因は、仕事のストレスによる買い物依存症だった。職場で嫌なことがあると、さして欲しくないもの、普通の感覚なら高過ぎて手を出せないものに散財して憂さを晴らしていた。

派手にお金を使ったりプチ贅沢することで気持ちは落ち着いたし、事情を知らない人たちから

は金払いのいいお得意様と一目置かれたが、その原資は借金だった。

「元々、小売業は性格的に向いていませんでした。やっていて楽しくなかったし、本当は大学で学んだ会計学の知識を活かせる仕事に就きたかった」

本山さんが就職活動していたのはリーマンショック直後の２００９年。大袈裟ではなく70社以上の企業にエントリーして選考を受けたが不採用の連続。卒業間近になっても募集していたのは飲食、警備、小売などの中小企業ぐらいだった。

「留年してもう一度就職活動をやり直すのは金銭的に無理。そんなわけで、とにかく無業者にならないよう中小スーパーに入ったわけです」

こういう経緯で就職したわけだが接客サービス業は本当に嫌だった。

「**激安を売りにしているスーパーだから、はっきり言っちゃうと客の質が悪いんです**」

スイカが甘くなかった、桃が固かったと難癖を付けて金を返せと言ってくる客、数量限定の特売ソースが売り切れて買えなかったと延々10分も文句を言う年寄りなど、デパートや高級スーパーでは見ないような客が多かった。

「客商売だから言い返すことはできません。すいませんと頭を下げるのが本当に嫌だった」

こんなことが何回か重なってストレスが充満するとキャバクラへ足を向けた。

「ああいう店はお金を使えばいい気分にしてくれるでしょ。ついつい気持ちが大きくなって１回で2万円近く散財しちゃいました」

こういうことが月に2～4回あった他、競艇場にも随分と通った。

「買った舟券が外れたとしてもボートレーサーに、何やってんだよ、ちゃんと仕事しろ、辞めちまえ！　って野次を飛ばすだけでスカッとした。**接客業だと相手が常識のない馬鹿でも頭を下げるしかないわけだから、その憂さを晴らしていたわけです**」

ボートレースで勝つことは10回に1回ぐらい。３０００円が5万円に大化けすることもあったが、トータルで見ると30万円以上も負けている。

「給料は手取りで22万円ぐらいだったけど遊びが過ぎた月は半月ほどで底を尽きました」

生活費のため、遊びのために手を出したのが消費者金融。大手はどこもテレビＣＭを流していたし、通勤電車にも広告が出ていたのでさほど抵抗感はなかった。

「最初は5万円ぐらいしかキャッシングしていなかったのですが、**半年もすると限度枠一杯になって。そうすると別の消費者金融に行ってまたキャッシング。**こんな感じでした」

正社員なので6月と12月には少ないが賞与が出る。それを返済に回していたから遅延したことはないが、利息が付くので徐々に返済がきつくなっていった。

「社会人になって2年目が終わる頃には自転車操業に陥っていました」

この時点での借金総額は１００万円前後を行ったり来たりといったところ。しばらくはその金額で推移していたが3年前に別の店舗に異動してから一気に借金の額が増えた。

「**転勤した店の客は前の店よりも質が悪かったんです**」

23区の外れで店の周辺は都営アパートや古い団地が集中している地域。所得水準も低く、生活保護を受給している高齢者が多くいた。

「特売価格というのはその日限定の値段なのですが、日にちを間違えて来たくせに、雨の日にわざわざ来たんだから安くしろとゴネたりする」

閉店間際の値引きタイムでも客に不快な思いをさせられた。

「いつシールを貼るんだ。半額にするのが遅い、って怒るんだよな。もう、うんざりだった」

万引きする輩も多く、しかも高齢者。

「盗む物はふりかけ、カップジャム、テーブルコショーなどで100円ちょっとの商品ですよ。何だよ、この貧乏老人はと思いました。万引きに対しては厳しく対処していたので100円の被害額でも警察に通報します。警官に両脇を固められてパトカーに乗せられるじいさん、ばあさんを見ていると暗い気持ちになりましたね」

こんなことがあると、またイライラが溜まってきて歓楽街で馬鹿騒ぎしたり競艇場や競輪場に繰り出す生活を送るようになった。

「ちょっと背伸びした消費の世界を味わってみたいという好奇心もありましたね」

ゼニアやアルマーニのスーツ、ブルガリの腕時計、ダンヒルのライターを買い漁る。板長のおまかせだけがメニューの高級寿司店に行って1回の食事に2万円も使ったりもした。

**「頭では無駄遣いしたと思うのですが、イライラやストレスが溜まるとバンバンお金を使って発散させていた。人に頭を下げられたりチヤホヤされると良い気分になっちゃうんです。一種の病気だったと今は思います」**

この段階で借金の総額は１９０万円。借りては返すということを繰り返すうちにここまで膨らんでしまった。すでに総量規制に引っ掛かる額を借りていたから、消費者金融で借り増しするのは不可能になり銀行カードローンで60万円借りた。その金は前から欲しかった２５０ccのオートバイを買ってほとんど消えてしまった。銀行のカードローンは消費者金融より簡単だと味をしめた本山さんは別の銀行でもカードを作り、また借金をすることにした。

「一部は金利の高い消費者金融の借入れ返済に充てました。消費者金融の金利は18%、銀行カードローンは15%なので返しておいた方が得だと思ったから」

前に作った銀行のカードローンはほぼ限度額まで借りていて、新たに作ったカードローンで80万円借金。消費者金融の借金は１１０万円まで減ったが、２つの銀行ローンの借入れ額が計１８０万円なので全部合わせると２９０万円。更にリボ払いの付けが20万円以上残っていたので、ついに借金の総額が３００万円を超えてしまった。

なんとか綱渡りで破綻を免れていたが、２０１５年９月にとうとう行き詰ってどうにもならなくなった。まず６月のボーナスがほとんど出ないということになり、その３ヵ月後の９月に会社が倒産してしまったのだ。

## 「嫌な仕事でもなくなったら途方に暮れてしまいました」

破綻した中小企業従業員のほとんどがそうであるように本山さんも丸１ヵ月分の給料が未払いとなり、退職金も支払われなかった。貯金があるはずもなく、慌てて金目の物を買い取り業者に持ち込んでみたが、いくらにもならなかった。

「15万円で買ったスーツは４万円、20万円もしたブルガリの腕時計は８万円。こんな感じです。オートバイだけは35万円で引き取ってくれたけど、すべて売り払っても70万円がやっとでした」

このうち25万円は当座の生活費として手元に残したが、あとはすべて借金返済に回した。

「次の仕事も簡単には見つからなかった。仕方ないから派遣です。病院の特殊清掃で都内の大学病院に回され、手術室や処置室の消毒と清掃。医療器具の殺菌処理などをやっていました。どんな病気の人を治療したか分からないから変な感染症に罹《かか》ったらどうしようかって不安でしたよ」

８時間労働で日当は９０００円。５勤１休で働いていたから何とか月収は22～23万円あった。ただし手取りだと17万円台前半になる。できる限りを借金の返済に回したが利息だけで毎月４万円にもなる。とても元金の返済はできないと思った。

「もう頭が爆発しそうだった。気の休まるときはなく、借金のことで常に頭は一杯。**仕事のストレス解消のつもりだったけど気付いたらとてつもない債務を抱えてしまうなんて**」

自己破産と免責の申し立てをするか、それとも姿をくらますか。そんなことを考えていたとき、ネットで借金を減らす方法があることを知った。任意整理、特定調停、個人再生などの手段があることは初耳だったが、こういう救済制度があるなら何とかなるかもしれないと一縷《いちる》の望みが出てきた。

「弁護士事務所、司法書士事務所のホームページをいくつも見て、どれくらいの費用が必要か調べてみたのですが、自分のような多重債務者だと数十万円が必要みたいでした」

弁護士なり司法書士に任意整理や特定調停を頼むと債務1社当たりの着手金が2万2000〜2万4000円。成功報酬もほぼ同じ額が必要だ。

「自分の場合は8社から借りていたので実費、雑費を含めると40万円ぐらい必要になる。借金で身動きできないのに40万円を工面するのは無理だと諦めかけたのですが、法テラスというものがあることを知って相談してみたんです」

そこで話を聞いてくれた弁護士から、自己破産するとその後にいくつかの制約があるし、任意整理はあくまで任意なので業者の同意が必要、特定調停でも業者寄りの裁定を下す調停委員がおり、必ずしも有利な条件を提示されるか分からないと説明された。その上で進められたのが債務を大幅にカットする個人再生だった。

費用についても法テラスなら13万円ほどとのことで、なんとか用意することができた。

「すでに消費者金融の一部は利息も入れられなくなり、延滞利息が加算されるという通知も来ていたので処理を一任したときはホッとしました」

弁護士から業者に受任通知が行ってからは、督促状や催促の電話が来ることはなくなった。

「**布団に入って熟睡できたのは何年か振りでしたね。申し立て時に再生計画案という弁済計画を立て、全部で320万円あった借金は117万円に減額してもらえました。**これを金利0％で3年36回の分割で弁済するということで決着しました」

月々の返済額は3万2500円、これならば確実に返せる額だった。

なんとか不動産仲介会社の営業職に再就職することもでき、職場に近い川崎市に引っ越した。外食したり派手に飲み歩くこともなく、現在は堅実な生活を送っている。

「下手をすれば夜逃げしていたかもしれないんですから定職に就けただけでもありがたいです。借金の残りはこれまで一度も欠かすことなく返済しています」

消費者金融、信販会社、銀行ローンのカードなど10枚近くあった借金用のカードはすべて粉々にして焼き捨てた。黒い煙を上げていくカードを見ながら、借金は一種の麻薬のようなものだったんだと実感した。せっかくやり直すことができた人生を台無しにしないよう、もう二度と借金に手を出すことはないと固く心に決めている。

NO.11

# 止まらない借金の連鎖

## 鈴木孝造（29歳）

出身地／東京都　現住所／東京都中野区
職業／会社員　収入／月収30万円　家賃／実家暮らしのため不要
主な借金／クレジットカードキャッシング2社50万円　リボ払い10万円
銀行カードローン90万円　総額１５０万円
借金の残高／母親が肩代わりしてくれたため業者での借入れ金はなし
月々の返済額／母親へ６万円

「借金というものは一度でも借りてしまうとズブズブになる危険が高い。今の時代は借入れ用のカードを作っちゃえばＡＴＭに入れるだけ、お金を借りているという感覚が薄れてしまいます。まさに自分がそのスパイラルに陥ったわけだけど」

素材メーカーに勤める鈴木さんが、繋ぎのつもりで借金をしたのはほんの数年前。その後、一発逆転を狙って株をやったら大損。損害が積もり積もって最大１５０万円まで膨れてしまった。

「**借金の入口は自腹の接待費だったんです**」

鈴木さんは素材メーカーに勤務する会社員。借金が重なった頃は数社の製造業を担当する営業マンで、仕事柄、取引相手と酒を飲む機会が多かった。

「当時は最低でも週に1回はどこかの会社の資材、購買部の担当者を接待していました」

お決まりのコースは寿司屋、割烹料理屋で軽く飲みながらの食事。その後にスナック、ガールズバー、キャバクラへ。時には風俗店へ行くこともあった。

「接待でも会社が経費として認めてくれるのはスナックまで。キャバクラや風俗店は経費では落とせない。だからひと晩で3～5万円ぐらい自腹になることがあったんです」

せっかくいい具合に盛り上がっているのに「すいません、経費で落とせないもので」と言ったら場がしらける。次の店、また次の店は自分の財布からお金を出さなければならないことが多かった。

「**自腹は痛いですが、夜の席の方が自分を売り込みやすいし、仕事を超えた信頼関係を築ける。それで仕事になるなら悪くないと思っていました**」

借金をする直前の手取り給料は約22万円。実家住まいなので家賃や水道光熱費の負担はないが、生活費全般として家に4万円入れていた。

この他に出ていくものは車のローン2万5000円、通信費1万円、昼食代込みの小遣いが6万円、疾病傷害保険1万7000円、付き合っていた彼女とのデート代2万円。これでざっと17万円。これなら毎月5万円ぐらい残るはずだが、自腹の接待費にはこれでも足りず、月の赤字は少ないときで3万円、多いときは5万円を超えることもあった。

「この赤字分はボーナスで埋め合わせしていました」

その他に臨時の出費もあるため貯金残高は普通口座の6、7万円のみ。定期性の預貯金はなし。それでも危機感は薄かった。

初めて借金をしたのは社会人になって丸3年目の終わり頃だった。

「新規で大口の契約が取れそうでして、それで接待攻勢をかけたわけなんです。この他にも異動した先輩から引き継いだ顧客への挨拶、顔繋ぎであちこちに繰り出していたので」

このときに借りたのは2つのクレジットカードのキャッシング枠で計50万円。

**「飲み食いをさせ、煽《おだ》てていい気分にさせた甲斐があり、仕事は上手くいったけど、このとき簡単に借りられたのが良くなかったと思います」**

借金は翌期のボーナスで6割近く返せたが20万円とそれに付く利息は残ったまま。これで止めておけば良かったのに、次の半年間もまた自腹接待したせいで40万円も借り増すことになる。

「ボーナスが出ると6、7割は返せるのですが、借金だから利息が付く。一度に全額返済するのは無理だった。50万円借りたら返すのは60万円、60万円借りたら75万円ぐらいになるのだから。結局、こんなことを4回繰り返していたら90万円以上に膨れてしまいました」

ここまでして営業成績を上げた割には見返りが少なかった。

「半期ごとの査定はSかAだったのでボーナスのときの褒賞金が5~7万円加算されました。同期より早く主任に昇格したので1万円の手当も出るようになった。だけど年間にしてみたら多くて25万円だものな。１００万円近い借金を作って年間25万円のリターンでは少なすぎましたね」

２つ目の借金は接待の二次会で利用していたキャバクラの女の子にたらし込まれたためだった。財布代わりに利用されて散財してしまった。

**「ああいう店にいる子にしては純な感じがしましてね」**

パッと見は女優の内田有紀の若かった頃のようで話も面白い。４年以上も付き合っていた彼女と喧嘩別れしたこともあり、なぜか夢中になってしまったのだ。

「最初は接待相手と一緒だったのですが、そのうち自分だけで店に通うようになりまして。失恋の憂さ晴らしのつもりだったのが本気になってしまいました」

１回店に行くとセット料金が８８８０円。食べ物や飲み物を追加し、時間を延長すると２万円を超える。週１回のペースで通い詰めていたから月10万円も費やすようになった。

「2ヵ月ぐらい通って親しくなったつもりになり、プライベートでデートに誘ったらＯＫしてくれて。スカイツリーやディズニーランドに連れていったり中華街で食事したりしました」

そのお金がどこから出てきたかというと銀行のカードローンだった。

「自腹接待のお金を調達していたクレジットカードのキャッシング枠が一杯になってしまいました。消費者金融は抵抗があったので給料が振り込まれる銀行のカードローンを利用したんです」

勤めている会社が大手企業グループの一員ということもあり、あっさりと限度額200万円のカードローンが利用できた。

「アクセサリーとかバッグなんかをプレゼントしちゃいましたね。**一人暮らしで寂しいからペットを飼いたいなんて言うもので豆柴の子犬も買いました。彼女がいつも見にいっているというペットショップで20万円だった**」

ところが、それから1ヵ月もしないうちに目当てのキャバ嬢は姿を消した。

「ボーイに尋ねても、もう辞めたと言うだけで。連絡先を聞いたら、そういうことはできませんと凄まれてしまいました。教えてもらっていた携帯電話も繋がらなかった」

玄人女に利用され、搾り取られただけだった。

「しばらく後でコンビニで売っている実話系週刊誌を立ち読みしたら、キャバ嬢やホステスはペットショップとぐるになっていて、客に買わせた犬猫は2、3日後にペットショップに戻し、数万円のお小遣いをもらっていると書いてあった。ペットショップはその犬猫をまた別の客に売る。同じ犬猫がグルグル回ってお金を生み出すんだそうです」

可愛い顔してやることは狡猾《こうかつ》だ。水商売の女は怖いと思い知らされた。

この時点での借金総額はクレジットカードのキャッシングした残りが約80万円。流通系カードのリボ払い残金が20万円、銀行カードローンが50万円。合計すると150万円になっていた。

「去年（18年）６月に人事異動があり、営業から内勤の管理部門に移ったので自腹接待はやらなくてよくなりました」

これで毎月５万円ぐらい浮くので、それをそっくり返済に回し、借金の総額は１００万円を切る程度まで減らせたのだが、まとめて大きく返そうとしてまたしくじった。

「アベノミクスで株価がバブル崩壊後では最高値をつけたとか、大企業は過去最高益だとか言っていたもので、株価はまだ上がるんじゃないかと思ったんです。会社の人にも小口の投資でお小遣い稼ぎしているという人もいたもので、その気になってしまったんですね」

仕事がら日経新聞と日経金融新聞には目を通しているし、経済情報誌や会社四季報を読むこともある。それなりの知識はあると思っていた。

「上がり基調の株を買って更に株価が高くなったところで売り抜けるか、悪材料があって株価が急落したものを底値で拾い、業績が回復し株価が戻ったところで売るか。どっちにするか悩んだのですが、**リスクがあってもリターンが大きい方で勝負してみようと思ったんです**」

４００円台から１０００円台に乗せた自動車会社、３０００円から４８００円まで50％以上も株価が上昇した光学機器会社のような株はないか検討し、買い付けたのが健康産業のR社の株だった。

「多角化で買収した会社が不調で株価が高かったときの半分以下に下がっていたんですよね。そこへ立て直しのために外部からプロ経営者を招き、不採算事業の整理をすることになったので反発すると踏んだわけです」

資金は銀行カードローンから借りた。キャバ嬢に入れ揚げて70万円ほど使っていたが、その後は30万円ほど返済していたので使える枠が160万円分残っていたのだ。

「最高値で1500円超えていたものが500円を切るところまで下がっていたんです。更に下がって450円を割ったところで買い注文を入れ、平均420円で3400株を株付けしたわけです」

株価は一時的に500円を超えたが、売るのはもうちょっと上がってからと思っていたらまた下落した。

「買収した会社の業績が更に悪くなってグループ全体の足を引っ張っている。立て直しに招聘《しょうへい》した人と子飼いの幹部が対立しているとか。こんなネガティブな情報が流布されるたびにストン、ストンと株価が下がっていった」

上手くいけば5割ぐらい上がるかもしれないと期待していたのに株価は続落。損切りするタイミングも逃してしまった。

「**せめて買ったときと同じくらいじゃないと思っていたけど下がる一方でしたね。**5円上がっても翌日には10円下がるみたいな感じでした」

1株平均420円で買ったものが250円を割り、経営危機もまことしやかに囁かれ、もう駄目だと諦めて投げ売りしたが大損だった。

「売値の平均は230円ほどでしたから、すべて売っても78万円ぐらいにしかならなかった」

投資した金額は約143万円、回収できたのは78万円。差引き65万円の損害だった。

「売却代金はすぐにカードローンに戻して返済したわけですが、前に借りた残りと合わせると105万円借金していることになるんですね。もう頭を抱えてしまった」

自分でもこれはマズいという危機感はあったが、それでも毎月の返済は滞りなくできていたし、前のような自腹接待もなくなったので1年半ないし2年あれば返済できると思っていた。

ここまでは家族に知られることなく済んでいたが、感染症で入院したため露見してしまうことになった。

「今年（19年）1月の下旬に左の肋骨に沿って水泡や赤いブツブツがいくつも現れ、刺すような、焼けるような痛みが出てきたんです。**病院で検査したら帯状疱疹《たいじょうほうしん》という診断で入院することになりました**」

入院は10日間で立春の翌日には退院できたのだが、その間にカード会社からキャッシングの返済が遅れているという督促状が家に届いていたそうだ。

「返済のことは忘れていたわけではなく、退院したらすぐに入金するつもりでした」

それまで一度たりとも遅れたことはなかったから4、5日遅くなったとしてもさして問題ないだろうと甘く見ていたが、そこはさすがに金貸し。月を跨いだら一発で催促してきた。「退院のときは下の妹が迎えに来てくれたのですが、タクシーの中で、お母さん、物凄く機嫌が悪いよと言っていて」

自宅に戻ったら「ちょっと来なさい」と呼ばれ、カード会社から届いていた督促状を見せられ、どういうことなんだと問い詰められた。

**「突然のことだったのでまったく言い逃れできませんでした」**

営業部にいたときに接待費の不足を埋めるためにお金を借り始めたこと、女の子と遊ぶために銀行のカードローンに手を出したこと（キャバ嬢に騙されたとは言っていない）、早く返すために株をやったら逆に大損してしまったこと、今は毎月6万円以上を返済していることなどを白状したら「お前は馬鹿なのか」と一喝された。

「どこでいくら借りているのか、月の返済額はどれくらいか、この先も返さなきゃならない残りはいくらかなどをその場で紙に書かされました」

最終的な借金の残りはクレジット会社2社で50万円、リボ払いの残りが10万円、銀行カードローンが90万円で合計150万円。これに14～18％の利子が付くので返済総額は200万円近く。

それを聞いた母親は「しょうがないねえ」と溜め息をつき、「これできれいに返してきなさい。お父さんには内緒だからね」と郵便局の封筒を差し出した。

**「中には帯の付いた１００万円の束が２つ入っていました。母のへそくりだったみたいです」**

自分の不始末だから自分で返すと突っ張ったが、借りている期間が長くなればそれだけ利息を払わなければならない。それは死に金だと怒られた。

「翌日から出勤する予定だったのですがもう1日延ばしてもらい、翌日はすべて返済に回りました」

現在は生活費と母親への返済で毎月10万円を家に入れ、小遣いは5万円まで。残る7万5０００円前後は信用金庫の口座に入れている。

「本当に母には頭が上がりません。気持ちを入れ替えてこれからはやっていこうと思っています」

借金は一度してしまうと癖になる。「これくらいなら大丈夫」と思うようになったら危険だと身に沁みた。

◎自分の行動を振り返る

# 多重債務者にならないためのアドバイス

**◆借金苦に陥りやすい人、あなたはいくつ当てはまる？**

どのような人が借金苦に陥りやすいのか、これまでに行ってきた取材などをもとに共通点が見えてきた。自分が借金苦に陥りやすい性格なのかどうかを知るために、以下の40個の項目に何個あてはまるかチェックしてほしい。

①今、財布の中にいくら入っているか分からない
②今日、いくらお金を使ったか答えられない
③現在の貯蓄額は30万円以下だ
④臨時出費用に貯金していない
⑤何に使ったのか覚えていないが給料日までにお金がほぼなくなる
⑥自分で稼いだお金を自由に使えないなんて働いている意味がないと思う

⑦節約とか計画的にと言う人は器が小さいと思う
⑧趣味や娯楽にお金を使い続けてきた
⑨クレジットカードを何枚持っているか把握していない
⑩クレジットカードの支払額は明細書が来て初めて知る
⑪クレジットカードの引き落とし日に残高が足りないことがある
⑫ローンがあるのにクレジットカードでさらに買い物をしてしまう
⑬仕組みはよく分からないがリボ払いを利用している
⑭今の収入が維持できるという根拠のない前提で暮らしている
⑮月々の家計は赤字だがボーナスで補填しているから大丈夫だ
⑯流行っているものは欲しくなる
⑰欲しいものはお金が貯まるまで我慢できず、ローンで買ってしまう
⑱手数料のかかる分割払いやローンを複数回利用したことがある
⑲割安価格帯のものより欲しいランクのものを手に入れたい
⑳お気に入りの店で新製品を勧められると、つい買ってしまう
㉑「お買い得」「底値」という宣伝文句に弱い
㉒ストレスが溜まると、つい買いもので発散したくなる

㉓よく「自己投資」「自分へのご褒美」「別腹」などと言っている
㉔節約する月と浪費する月の落差が大きい
㉕ブランド品を買うと、ワンランク上の人間になった気になる
㉖マイホームを持つのは当然だと思っていた
㉗住宅ローンの借入れ額の設定は、そのとき借りられる最大の額だった
㉘毎月の住宅ローン返済額は収入の3分の1以上だ
㉙給料やボーナスが上がる前提で住宅ローンを組んでしまった
㉚どんなにローンがきつくても家は絶対に手放したくない
㉛遊びの範囲ならギャンブルをしても問題ない
㉜一攫千金を狙って投資や儲け話に手を出して失敗したことがある
㉝数千円でも友人から借金したことがある
㉞お金のことや将来設計をよく考えなかった
㉟「あのとき、我慢していれば」と後悔したことがある
㊱経済的に困窮し始めたとき、見て見ぬふりをしてしまった
㊲親、兄弟姉妹との仲が良くない
㊳整理整頓が苦手だ

㊴自分に自信がない
㊵そのうち何とかなると思っている

ＹＥＳが３個以下
堅実で社会性も高いあなたが大きな借金をする可能性はかなり低い。せいぜい住宅ローンぐらいで、それも滞りなく返済できるはず。「面白味に欠ける」「堅物」と言われているかもしれないが、言いたい人には言わせておけばいい。所詮は赤の他人。家族や親類じゃないのだから。

ＹＥＳが４個以上10個以下
基本的には堅実な生活を旨としているが、時々、無駄遣いしてしまうことがあるのでは。ローンを組むときは、くれぐれも生活に余裕のある範囲で収まるように。ローンやキャッシングの目的がレジャーや贅沢品のためという場合は少し危険かも。身の丈に合った生活が大事だと戒めるようにしたい。

ＹＥＳが11個以上15個以下
そろそろ生活態度を改めないと、そう遠くない将来に危険信号が灯る可能性が大きい。

浪費や借金は癖になるので、「これくらいなら大丈夫」と楽観視していたら取り返しのつかないことになる。クレジットカードはなるべく使わず現金払いをするように。もしキャッシングしているのなら早急に返済して少しでも身軽になることが大事。

YESが15個以上20個以下
日常生活に支障をきたす事態に陥る可能性大。手持ちのお金がないときは物欲を捨て、それで生活するようにしないと借金まみれになる。ローン、リボ払い、趣味、付き合いなどはしばらく封印して、今抱えている借金をどうやって返すか考えなければ。ここが修正できるか否かの分かれ目。

YESが20個以上
多重債務へまっしぐら。特に住宅ローンで苦しんでいるのなら売却を考えてみるのがいいかも。その他のローンやキャッシング、リボ払いの残金などが200万円を超えていたら法的に処理することも検討したほうがいい。多分、あなたの周りの人もあなたの窮状に気付いているはず。早急に債務の整理を真剣に考えた方がよい。身辺をきれいにしてやり直すか破滅に向かうかの瀬戸際だ。

### ◆借金苦に陥らないために

借金で悩んだり苦しまないためにはどうすればいいのか。答えは簡単で、借金なんてしなければいいだけだ。そこで、どうすれば借金をしないようにできるか考えてみた。

①自分のお金の現状を知る

お金に無頓着なのは良くない。常に財布の中にいくら入っているかを把握していれば、お金を使うことに対する意識が高まるはず。その日に使ったお金がいくらかチェックするのも大事。買い物をしたらレシートは必ず受け取る。そして夜に１枚１枚チェックしてみると「飲食代がちょっと高かったかもしれない」「コンビニで、ついで買いをしてしまった」「今日は使い過ぎた」など反省するきっかけになる。

②お金を管理する

銀行口座から下ろす金額はできるだけ一定にする。残業代が多かった、特別な手当があったなどで月収が多い月も下ろす額はいつもと同じにして、多い分は残しておく。現金を下ろす日も決めておいて、急に臨時の出費があるとき以外は下ろさない。

お財布の中身は控えめにしておくのもいい。余分なお金が財布に入っているとつい気分が大きくなって財布の紐が緩むことになる。まとまったお金を持っていないと不安だという人は、1万円札、5000円札を別の財布に入れ、取り出しにくいバッグの底やスーツの反対側の内ポケットに入れておくなどして対応する。

③買い物はよく考えてから
借金をする人は無意識、無計画にお金を使う傾向がある。「これがいい、あれもいい」「お買い得なら買っておこう」というのはただの無駄遣い。買い物の基準を「欲しいから」ではなく、「必要だから」にする。

ポイント5倍、10倍のキャンペーンには極力近づかないようにする。ポイントは買い物を誘発する。店もあの手、この手でプロモーションをかけてくるのだ。

④クレジットカードには気をつける
手元にお金がなくても買い物ができるクレジットカードは、お金を使い過ぎてしまう危険性がある。クレジットカードを使う場合は翌月一括払いを厳守する。お金の管理が苦手な人は年会費無料の1枚だけに絞っておく。

利用額を把握していないのは最悪で、クレジットカードで支払ったときはその金額をメモするか、同額を財布から抜いて封筒に入れておくなどする。

利用明細書をもらうのは基本中の基本。何を買ったか、何にいくら払ったかを見返してみると、服代が多い、飲食代に使い過ぎ、化粧品を買い過ぎたなどの傾向が分かり、節約するポイントが見えてくる。

利用額が大きくなっても月々の支払いが一定額のリボルビング払いは使い過ぎを招きがちだ。手数料が高いリボルビング払いは使わない方が賢明だろう。クレジットカードの中には初期設定がリボルビング払いのものがあるので一度確認してみよう。

⑤お金を使った実感を身体に覚えさせる

急速に広まっている電子マネーは便利だが浪費に繋がる危険が大きい。電子マネーはクレジットカードより手軽だが、つい使い過ぎて支出が膨らむことになる。特にレシートが出ない自動販売機や売店での利用は控えた方が賢明。交通費を電子マネーで払うのもお金を使っている実感が乏しい。たまには小銭で切符を買ってみて、タダではないんだと自分を戒める。

電子マネーはオートチャージ設定にすると現金チャージが不要になり、利用額がクレジットカードから引き落とされるため使い過ぎの温床になる。特に注意すべきだ。

## ◆困ったときの奥の手、借金は減額できる

借金の山を築いてもうどうにもならない。しかし自己破産すると様々な制約があるし、ブラックリスト入りして何年かはクレジットカードが使えない。将来、住宅ローンを組むのも難しくなる。こういう事情を考えて自己破産は避けたい。だけど借金も何とかしたい。こう思案している人には借金を減額する方法がある。

具体的な債務整理メニューは次の3つだ。

①任意整理

これは債権者である金融業者と債務者である本人や保証人の間に弁護士が入り、裁判所を通さずに将来利息の減免や支払方法の緩和を話し合う手続き。任意だから債務者本人が交渉してもいいのだが相手はプロの金融屋。業者に有利な条件で押し切られる危険がある。そこで、通常は弁護士に依頼することになる。

弁護士に整理を頼む利点は取り立てが止まること。金融業者や信販会社は弁護士に交渉を委任した旨の通知を受け取ると、それ以降は債務者本人に直接請求できなくなる。これでしつ

こい督促が止まるわけだ。

借金の減額については元金の減額、利息や延滞損害金の減額が主。弁護士が和解案を示し、承諾が得られれば和解契約書を作成する。ほとんどは将来の利息がカットされるが、その代わりに3年以内で完済するように求められることが多い。

②特定調停

これは消費者金融やクレジットなどの借金、多重債務を抱えている人や事業主などの特定債務者が、負っている金銭債務に係わる利害関係の調整を図る目的のために特例として定められた制度である。

借金の返済が滞りつつある債務者の申し立てにより簡易裁判所が債務者（借主）と債権者（貸主）との話し合いを仲裁し、返済条件の軽減などの合意が成立するよう働きかけ、債務者が借金を整理して生活を立て直せるよう支援するもの。

費用は申し立て1件について手数料（収入印紙）と予納郵券（切手）で500円。他の借金整理と比べると安価であることから個人で申し立てを行えるのも特徴だが、法律的なことなので債務者と債権者の間に調停委員が入り、債権者と借金額や支払方法の変更について話し合う。

この調停手続きで決まったことは裁判の判決と同様の効力がある。したがって取り決めた通りの支払いが滞ると、すぐに差し押さえが行われてしまうので債務者は調停で約束したことを必ず守らなければならない。

③個人再生

個人再生は裁判所に申し立てをし、原則借金額を100万円、または5分の1まで減額し、それを原則3年で分割返済（特別な事情があれば最長5年）していくもの。減額後の負債額を完済すれば残りの負債については免除される。

債務者が個人であること、債務の総額が5000万円を超えないこと、小規模個人再生の場合は将来において継続・反復して収入を得る見込みがあること、給与所得者再生の場合は給与、または定期的収入を得る見込みがあって、その金額の変動の幅が小さいと見込めることなどの条件がある。

手続開始後は債権者に対して給料差し押さえなどの強制執行ができなくなる。

個人再生は破産と違って資格免許職（税理士、公認会計士、警備員、生命保険募集人など）における資格制限がないから仕事面での影響は少ない。住宅資金特別条項といって住宅ローンの繰り延べを認めてくれるので、自宅を手放したくない人には都合よい。

最低弁済額要件は下表の通りだ。

これも法律の素人がやるのは無理。そこで弁護士に処理を依頼することになるが、費用は40～50万円が一般的らしい。

以前はこれらの方法で整理しようとすると嫌がらせ等の行為があったが、現在では、自己破産されて1円も回収できないよりは少しでも回収できたほうがいいと判断されるようになってきている。

借金の返済額が月収の2割を超えたら赤信号、いち早く債務整理を考えた方が良い。多重債務者の中には見栄を捨てられず、ぐずぐずしている人も多いが、それでは苦しみが続くだけで何の解決にもならない。

| 基準債権総額 | 最低弁済額 |
|---|---|
| 100万円未満 | 全額 |
| 100万円以上500万円以下 | 100万円 |
| 500万円を超え1500万円以下 | 基準債権額の5分の1 |
| 1500万円を超え3000万円以下 | 300万円 |
| 3000万円を超え5000万円以下 | 基準債権額の10分の1 |

番外編

# 元サラ金マンの回顧録

大宮政志（44歳）

出身地／東京都江戸川区　現住所／千葉県船橋市
在職時の収入／最高時で年収470万円
略歴／98年に大学を卒業。主に都内と千葉県、神奈川県の一部を営業基盤とする消費者金融会社に就職。個人客を対象にした小額融資、回収などを担当する。先輩、同期、後輩が数年、早ければ3～4ヵ月で退職するという環境だったが仕事を続け、都内の支店の副店長まで昇進した。
しかし、世間の消費者金融に対する批判や融資の総量規制、過払い金返還訴訟の多発などの逆風を受け会社の業績が急降下。支店の閉鎖、業務の縮小などがあり、自ら見切りをつけて退職。現在は貨物運送会社で働いている。

これまでは「借りた人」のエピソードを紹介してきたが、最後に「貸していた人」のインタビューを掲載して終わりたい。貸す側の視点に立つことで借金というものを立体的に見ることができるはずだ。

「もう辞めて丸4年になりますが17年間近く消費者金融で働いていました。**はっきり言ってしまうと嫌な仕事だったけど世の中の裏側とか汚い部分は随分と目の当たりにしました。**社会勉強にはなりましたね」

大宮さんは大学新卒で当時業界中位クラスの消費者金融に就職。都内の支店で副店長まで昇進したという経歴の持ち主。現在はまったく別の仕事に就いているという。

「自分は就職氷河期世代なんですが、大学が新設私大なもので就職活動は困難を極めました。60社以上の採用試験、面接を受けた中で唯一採用してくれたのが消費者金融のH社だったわけです。内心では気乗りしませんでしたが」

入社後最初に配属されたのは都内下町地区の支店。その後は2～3年で都内の各支店を異動した。

「消費者金融が支店を構えるのは富裕層やセレブの皆様がお住まいになっているところではありません。最初の配属先も都営団地や小さな個人商店、町工場などがあるしょぼくれたところでしたよ。その後は歓楽街や風俗店が軒を並べているところだったり、所得水準が低く、生活保護や就学支援を受けている人が多い場所。はっきり言えば金融屋は貧乏人を相手に商売しているわけなんです」

仕事は最寄り駅の駅前やアーケード街でのティッシュ配り、来店者の接客、督促や返済が遅れている客への訪問、法的処置のための書類作りなどだ。

「自分が就職したばかりの頃、10年目頃、辞める直前では客層がガラリと変わりましたね」

最初の頃は男女問わず中高年の人が圧倒的多数だった。融資する際にそれとなく使い道を聞き出すのだが、零細企業の経営者だと支払いのため、女性だと生活費の足しという答えが多かった。

「**どの人も顔に生活に疲れた感が出ていましたね。ギャンブルの資金にするとか他の消費者金融の利息を払うためという客も多かった**」

肥満気味、髪が乱れている、サラリーマン風でもスーツやワイシャツがヨレヨレだったり汚れている、靴が汚い、全体的に清潔感がない。いわゆる自己管理能力のなさそうな人が多かった。

客層が変わったのは大手業者が派手なテレビCMを流し、ソフト感を演出してからだ。

「かなり名の知れた会社のサラリーマン、OL、学生、フリーター。ニートまで借りに来ましたね」

新しく顧客になった若い人たちにはある種の共通点があった。

「まず派遣で働いている人たちです。生活費がショートしやすい派遣社員だと休みが多い月は収入が減るのに出費は逆に増える。これで生活費が逼迫《ひっぱく》するんですね。特に生産工場の派遣社員はお得意様でした」

およそ消費者金融とは無縁そうな若い女性も新しい顧客になった。

「借金の理由や目的がエステの費用だったり海外旅行の費用でね。浪費傾向の強い感じでした。けっこうスレンダーでかわいい系だったり、話し方がおっとりしていたりというのが共通項でした」

夫はそこそこ安定している会社に勤めている専業主婦が新しい顧客になったのも昔では考えられなかったことだ。

「既婚女性の場合、借金の理由は服やブランド物などのプチ贅沢が原因のようでした。近所の奥さん同士で見栄の張り合いをするんでしょうね。専業主婦の場合、たいてい家計の管理を任されているから月2万円程度の返済だと亭主の給料から返済できる。事故の少ない上顧客になってくれました」

新規の客にどれくらい貸し付けるのかというと、最初は10万円が限度。返済状況を見て追加融資をすることもあるがそれも10万円が上限だ。

「昔はジャブジャブ貸していたそうですが、返済が困難になりそうだったり他社からも借入れていたりするのは断っていました。後が面倒ですからね」

貸した金は利息を付けてきっちり返してもらうのだが、返済が滞る客もいる。そうなると取り立てということになる。

「他社のことは分からないけど、自分がいたところはいきなり、おい、コラ！　なんてやりませんよ」

返済日を過ぎても入金が確認できなかったら最初は手紙か電話。「期日を過ぎましたが入金が確認できません。どうされましたか?」という感じで連絡をとる。これで駄目なら電報。措置を取りますよというちょっとした脅しで圧力を掛ける。

「手紙も電話も電報も駄目となったら訪問ですが、いきなり怒鳴り散らしたりはしません。まず、いつ入金するのかを問いただします。遅延するとこういう不都合が起きる、これはあなたにとって損になると諭すわけです。基本的には話し合いでカウンセリング的なこともやるんです」

だけど延滞する人には駄目人間が多かった。

「**督促の連絡をすると明日中には入金しますと言いますが入金してきません。**どうしたんですかと電話したら、ATMに行く途中にパチンコ屋へ入ったら返済する金をスッた、週明けには必ず返すなんて言うんです。とりあえずもう2日待ちましたがやっぱり入金がない。仕方ないから直接訪問すると、今度はひったくりに遭って持ち金すべて盗まれたなんていう言い訳でね。**子ども騙しにもならない嘘を並べるんですよ**」

男も女も水商売絡みで借金を重ねてしまうことも多かった。

「男だとキャバ嬢に入れ揚げる、女ならホスト遊びのため。これで30万円、他社と合わせると軽く100万円を超える借金を作る人も多かったですね」

事故を起こす人というのは融資申込書からしてちょっと違っていた。

「今は無人契約機でカードを作り、ATMで出し入れするのが普通ですが、昔は対面審査で融資申込書に直筆で記入してもらっていました。そうすると字が汚かったりバランスが悪い、枠からはみ出る、記入欄の大きさに比べてやたら小さな文字だったりという人がいるんです。彼らの半分は返済が遅れたり所在不明になったりする。どこからも借りていないまっさらな客でも用心して希望額の半分しか貸さないようにしていましたね」

融資した客の特徴をあげていくと、胡散臭い宗教に騙された、マルチ商法に手を出した、ギャンブル中毒、風俗にハマった、社会性が低いといった感じだった。

「これは、わたし個人の意見ですが、こういう連中は借金をすることで金銭感覚やモラルが麻痺してしまうんでしょうね。**人間性は簡単には変わらないし変えようとする努力もしない。要するに根本的に駄目人間なんですよ**」

延滞、返済停止が生じた場合、2ヵ月間は支店が回収に動くが、これを過ぎても未収という場合は本部の債権管理部に回され、預貯金や給料の一部を差し押さえたり、車やその他の価値のありそうなものを所有していれば換金させて返済に充てさせる。貸した金は利息を付けてきっちり返させる。これは絶対だ。

「だけど回収に手間がかかることもありましてね。ある印刷会社に乗り込んだときのことですが、社長に返済するように言うと、いきなり工場のコピー機で1万円札をコピーし始めて、これ持ってとっとと帰れ、借用書は返せと喚きながら1万円札のコピーをばら撒くんですよ。もう完全に目つきがおかしくて怖くなりました」

払えない、ないものはないと開き直ったり、倒産して無一文という場合は回収に手間取るが、反対に学生や就職して間もない若手のサラリーマン、ＯＬなどは簡単に回収できた。月当たり2000円程度の利息さえ払えない人間に何度も催促するのは時間の無駄。どうするかというと払える人間に直接掛け合って一気に元利合計全額を回収する。

「早い話が親に出させるんです。このままだと自己破産するしかないですよ。戸籍に載りますよ。就職に差し支えるんじゃないですか。会社に知れたら解雇されることもあるんです。縁談も上手くいかないかもしれません。どうします？　って畳みかけたらほぼ一発で回収できます。**息子、娘の疵《きず》を消せるなら親は100万円ぐらいの金はすぐに払いますよ**」

一方で飲食店、個人商店の経営者は事故のない安全な顧客だった。

「**支払いと入金のタイムラグを埋めるために消費者金融を上手く使っている人も多いんですよ。**行政でも低利の特別融資をやっているけど直近3年の納税証明書を出せとか連帯保証人を付けろと面倒なんです。申込んでから融資してもらえるまで2週間ぐらい時間がかかりますしね。その点、消費者金融はスピード融資ですから」

グレーゾーン金利で年利30％という高利でも手続きが簡単だからという理由で飲食店、パン屋、洋品店、下請けの町工場などの経営者には、消費者金融は使い勝手が良いのだという。

「20万円を年利30％で借りると利息だけで6万円にもなる。だけど日割りしたら1日当たり164円です。1週間で1148円、半月でも2460円。役所に行って面倒な手続きをしたり、親類に連帯保証人を頼みたくないという人にはお手軽なんです」

日銭の入る商売をやっている顧客が相手ならば、まず取りっぱぐれはない。半月なり1ヵ月後には元金に利息を付けてきっちり返ってくる。世の中はきれい事だけでは渡っていけないと痛感させられたし、多少なりとも人を見る眼は養えたと思う。

企業としての健全性や待遇はどうだったかというと、完全なブラックだった。

「貸金業規制法で訪問できる時間は決められていますし、脅迫的な取り立てをしてはいけないことになっているのですが、そんなものは無視して早朝、夜間にも電話したり、場合によっては勤めている会社に偽名、架空の会社名で督促していました」

仮に顧客が借金を苦にして自殺したとしても、貸金業者は絶対に損をしないよう工作していた。

「生命保険で一括回収できるようにしてあったんです。契約時に団体生命保険に強制加入させるんです、保険料は会社持ちで。**これで客が自殺したとしても保険金で回収できる。**契約書にもちゃんと書いてありますが、物凄く小さい文字だし、客の方も契約書を隅から隅まで熟読して疑問を口にするような人はいませんでした」

賃金も一見はよく思えるが、実際はそうでもなかった。

「就職したのが98年なのですが、初任給はいきなり25万円でした。大手企業でも初任給は16～17万円という時代だったから凄い高給だと錯覚しましたね」

ところが残業代はまったくなし。他の企業なら支給されることもある住宅手当、扶養家族手当などもなし。退職金が支払われるのは満3年以上勤務した者のみということだった。

「早出、残業が毎月60時間前後ありましたから今で言う固定残業代込みの給料でしたね」

本部の管理職クラスなら年収600万円ぐらいになったが、店舗勤務の場合は店長に昇格しても年収500万円がいいところだった。

「店長に出世したら年収が一気に70万円ぐらい上がりますが、業績が振るわなかったら即降格で給料も下げられます。飴と鞭を上手く使っていたと思いますね」

対外的な印象も良くはない。消費者金融（＝サラ金）と言うと、やはり世間からは眉をひそめられたり下に見られたりする。

「だから金融関係としか言いませんでした。ノンバンク、リース業ですという感じで。実は就職するときも両親にはいい顔をされませんでしたし、同僚には結婚相手の親から、そういう仕事の人はちょっととといい顔されなかったので転職したというのもいましたから」

それでも、これが仕事なんだからと割り切って働いていたが、状況はどんどん悪くなっていった。

「まず総量規制が定められたので貸付できる客の数がガクンと減ってしまいました。金融業は金を貸してその利息で利ざやを稼いでいるわけだから大打撃でした」

決定的だったのは２００６年1月に最高裁がグレーゾーン金利は違法だと判断したこと。翌２月には貸金業の監督を行う金融庁が最高裁判決を受けて貸金業法施行規則を改正。客は払い過ぎた利息を過去に遡って取り戻せるようになった。

「**過払い金の返還請求が山のように来ました。**司法書士や弁護士からもガンガン電話がかかってきたり内容証明の郵便が届いたりしましたね」

返還額は過払いが発生した時点からその額に応じた利息が付く。

「利息は5％ないし6％。過払いが多額で期間が長いほど利息は多く付くんです。人によっては軽く１００万円を超える金額を返さなければならなかった。超低金利の時代に5、6％の利息が付くのだから、借金に苦しむ債務者から一転して、払い過ぎた利息を返せと強気になりました。それまでの立場から逆転して、今度は俺がお前らから金をむしり取ってやると凄まれたこともありました」

消費者金融はあくどい、怖いというイメージが更に増幅されたものだから新規の優良顧客を獲得することは不可能だった。過払い金の返還額も月を追って増えていく。

「**11年に入ってからはリストラに次ぐリストラでした。**まず店舗を統合する。次は同業大手にならって無人店舗にする。人員も大幅にカット。だから泥船から逃げ出すように辞めていく人が後を絶ちませんでした」

大宮さんは本部の債権回収部門に異動になったが、客は利息を払わなくなり債権がどんどんコゲつくようになった。回収ノルマも達成できなくなった。

「上はいくらでもいいから回収しろと言っていましたが、無理なものは無理です。自分より職位が上の人もとうとう逃げ始めたので自分もここらが潮時と感じて退職した次第です。いよいよ駄目になって民事再生法や自己破産を申請したら退職金がもらえませんから」

元々、好きで消費者金融で働いているわけではなかった。やっていて楽しいことは皆無で愛社精神なんて微塵もなかったから、退職することに躊躇《ちゅうちょ》はなかった。

「**自分が辞めて半年ほどで会社は自主廃業しています。**まあ、時代の徒花だったということですよ。所詮は高利貸ですからね」

消費者金融を辞めた後、大宮さんは運送会社に再就職し、法人営業と運行管理などの業務に従事している。今は仕事のストレスからも良心の呵責《かしゃく》からも解放されているという。

「消費者金融にいて学んだことですか？　**世の中には本当にだらしのない人間がいる。金を貸す価値がない人間がいる。平気で嘘をつく人間がいる。こういうことはよく分かりましたね。貸金業はそういう人間がいることを見越して高い利息を取っているんです。**そういう世の中の暗部を知ることができたのはよかったと思います」

貸金業者は「ご利用は計画的に」などと注意喚起しているが、物事を計画的に処理できる人だったらそもそも借金はしない。借金は本当に怖い。身内から短期間だけ数万円融通してもらう程度なら仕方ない部分もあるが、無人契約機の前に座ったら破滅に向かって一直線になる危険度が高い。借金はしないことに尽きると大宮さんは話を締めくくった。

# おわりに

借金の入口はほんの些細なもの。「生活費が足りなくて」「セールで買い物をしすぎちゃって」「冠婚葬祭や法事が重なって祝儀、不祝儀、交通費の足しにしたから」「住宅ローンの返済がきつくて」「車を買い替えたから」。普通に暮らしていれば誰だって遭遇することがあるだろう。

幸か不幸か、今はお金を借りるのに苦労することはない時代だ。消費者金融にしろ銀行のカードローンにしろ一定額以上の収入があれば「どうぞお使いください」と貸してもらえる。

簡単に貸してくれるのは後でたっぷり搾り取るためで、いざ返す段になってそのことに気付かされる。「借りたのは100万円だったのに返す総額は115万円。こんなに利息を取るのか」となる。借りたものは利息を付けて返すのが当たり前だが、これが思っていた以上に苦難。仕方ないから利息分だけ払うが元金は一向に減らない。そのうち返済に充てるために別の金融業者から借入れを繰り返すようになる。こうやって借金が積み重なり多重債務者に転落していく。借金地獄に陥る典型的なパターンだろう。

借金問題をこじらせてしまう一番の原因は周りの人に相談しづらいところにある。「しょうがない、今回だけだぞ」と肩代わりしてくれる肉親がいれば別だが、いくら息子、娘、兄弟姉妹のためでも数十万円から100万円を超えるお金を出せる人は稀だ。血縁者に助けを求めるのが難しいのだから、友人、知人なんてあてにできるはずもなく、どんどん孤立していくことになる。

借金に苦しむようになると、どんな心理状態になるのか。話を聞いた人たちは共通して次のようなことを言っていた。

「何をしていても借金のことが頭の隅にあり、不安で押し潰されそうになった」

「常に返済のことを心配し、それが原因で悪いことばかり考えるようになる」

「仕事をしているときも今日一日でこれだけ利息が発生していると絶望的になった」

「周囲がモノクロームに見えた」

「借金のことを妻（夫）に内緒にしていたので知られたらどうしようかとビクビクしていた」

「電話が鳴ると取り立てかとビクついて心臓が痛くなった」

聞いているだけで苦しくなったが、こんなのは序の口だった。

「生命保険の証書を見てみた」

「あまり客のいない小さな郵便局や深夜のコンビニなどをウロウロしていたことがある。本気で強盗しようかと思った」

「誰か他人になりすませないか考えた」

悪い方、悪い方に考えが向かうようになる人もいた。借金苦がいかに人を狂わせるのかということを改めて思い知らされた。

このような状態になったら正常な判断はできなくなる。専門家に助けてもらうしかない。仮に借金の総額が年収の3分の1を超えている場合はそう簡単に返せるものではない。債務整理を具体的に検討する段階になっている。

債務整理というと大層なことと思うかもしれないが、実はデメリットは少ない。自己破産にしろ任意整理にしろ、申し立てをしたところで罰金や禁固、懲役を科されるわけではない。自己破産は10年、任意整理は5年で信用情報機関の記録が消える。延々と利息を払い続けるよりははるかにましだ。

しかし、このような救済措置に頼るのは最後の手段である。こうならないようにするためにはやはり軽い気持ちで借金をしないことが重要だろう。

借金を重ねるような人は、衝動買いが多かったり、ギャンブル好きだったり、見栄っ張りだったりする。今の世の中は何かと誘惑の多い消費社会だ。自分の性格を理解した上であちこちにある落とし穴に注意してほしい。「お金を借りてみようかな」と思ったら、この本を再読して借金の怖さを思い出していただけるといいかもしれない。

2020年2月　増田明利

## 現代社会の闇をえぐる増田明利の本

# 貧困のハローワーク

飯場労働者、シングルマザー風俗嬢、ブラック企業のSE、テレビ番組制作会社 AD、職業ホームレスなど、17の仕事の現状をインタビューで解き明かす。貧困ビジネスを通して現代日本の闇が浮かび上がる渾身のルポ。

ISBN978-4-8013-0176-4　C0195　文庫版　本体 630 円 + 税

## 【著者紹介】

**増田明利**（ますだ・あきとし）

昭和36年生まれ。昭和55年都立中野工業高校卒。

ルポライターとして取材活動を続けながら、現在は不動産管理会社に勤務。

平成15年よりホームレス支援者、ＮＰＯ関係者との交流を持ち、長引く不況の現実や深刻な格差社会の現状を知り、声なき彼らの代弁者たらんと取材活動を行う。

著書に『今日、ホームレスになった』『今日、ホームレスになった―平成大不況編―』『今日、派遣をクビになった』『今日から日雇い労働者になった』『今日、会社が倒産した』『本当にヤバイ就職活動』『今日からワーキングプアになった』『貧困のハローワーク』（いずれも彩図社）、『不況!! 東京路上サバイバル　ホームレス、28人の履歴書』（恒友出版）、『仕事がない！―求職中36人の叫び』（平凡社）、『ホープレス労働 働く人のホンネ』（労働開発研究会）がある。



# 今日、借金を背負った

## ―借金で人生が狂った11人の物語―

---

2020年3月19日第一刷

著　者　　増田明利

発行人　　山田有司

発行所　　株式会社　彩図社
東京都豊島区南大塚3-24-4
MTビル　〒170-0005
TEL：03-5985-8213　FAX：03-5985-8224

印刷所　　シナノ印刷株式会社

URL　　https://www.saiz.co.jp
https://twitter.com/saiz_sha

---



ISBN978-4-8013-0438-3 C0095